CONTRA UM MUNDO MELHOR

ENSAIOS DO AFETO

Proibida a reprodução total ou parcial em qualquer mídia
sem a autorização escrita da editora.
Os infratores estão sujeitos às penas da lei.

A Editora não é responsável pelo conteúdo deste livro.
O Autor conhece os fatos narrados, pelos quais é responsável,
assim como se responsabiliza pelos juízos emitidos.

Consulte nosso catálogo completo e últimos lançamentos em **www.editoracontexto.com.br**.

CONTRA UM MUNDO MELHOR

ENSAIOS DO AFETO

LUIZ FELIPE PONDÉ

editora**contexto**

Copyright © 2018 do Autor

Todos os direitos desta edição reservados à
Editora Contexto (Editora Pinsky Ltda.)

Foto de capa
Divulgação

Montagem de capa e diagramação
Gustavo S. Vilas Boas

Preparação de textos
Lilian Aquino

Revisão
Ana Paula Luccisano

Dados Internacionais de Catalogação na Publicação (CIP)
Andreia de Almeida CRB-8/7889

Pondé, Luiz Felipe
Contra um mundo melhor: ensaios do afeto / Luiz Felipe Pondé. –
2. ed., 2ª reimpressão. – São Paulo : Contexto, 2020.
160 p.

ISBN 978-85-520-0036-5

1. Ensaios brasileiros 2. Crônicas brasileiras
3. Filosofia – Miscelânea I. Título

17-1883   CDD B869.8

Índice para catálogo sistemático:
1. Crônicas brasileiras

2020

Editora Contexto
Diretor editorial: *Jaime Pinsky*

Rua Dr. José Elias, 520 – Alto da Lapa
05083-030 – São Paulo – SP
PABX: (11) 3832 5838
contexto@editoracontexto.com.br
www.editoracontexto.com.br

*Para Danit, minha mulher,
Noam e Dafna, meus filhos,
que fazem minha vida melhor
do que eu seria capaz de fazer
por mim mesmo.*

*O que eu sei aos 60,
sabia aos 20:
40 anos de um longo
e inútil trabalho
de verificação.*

Emil Cioran

SUMÁRIO

INTRODUÇÃO
A forma pura da pedra 11

Imperfeição 15

A ruína 23

Medos masculinos
e mulheres obsoletas 25

Passado 35

Baratas 37

A janela 39

O gosto da culpa 49

Hamlet 52

A caça 55

Promiscuidade 58

Pureza 60

Nudez 63

Caráter 65

Jantares inteligentes 67

Ela 73

Nuance 74

O abismo 77

O rei Davi 94

Destino 96

Uma pequena moral 98

Agonia 100

Cotidiano 105

Dinheiro 107

Babel 111

Afrodite 118

A palavra mortal 122

Wasteland 125

Sobrevivente 128

Liberdade 131

Inferno 134

A face do filósofo hebreu 136

No Sinai 152

O autor 157

INTRODUÇÃO

A FORMA PURA DA PEDRA

Os ensaios e os fragmentos que aqui ofereço ao leitor são, no seu corpo, cenas de uma filosofia do afeto. O afeto que pensa o cotidiano. Na sua alma, estes ensaios são um tratado – aos pedaços, assim como eu – contra um mundo que mente sobre si mesmo. Dizia pedaços porque a descontinuidade descreve melhor uma filosofia do afeto, que se move a sobressaltos, e também porque o cotidiano é descontínuo. Sinto-me em casa numa filosofia que tem uma razão cética e uma sensibilidade trágica. Muita gente me perguntará ao ler estes ensaios: "afinal, por que sou contra um mundo melhor? E por que o ceticismo e a tragédia seriam a minha casa?". A resposta a essas questões – por que sou contra um mundo melhor e por que o ceticismo e a tragédia são minha casa – se encontra nestes ensaios e fragmentos, de modo impreciso e incerto, e aos pedaços, como dizia anteriormente. Ao longo dos ensaios e dos fragmentos, o leitor perceberá que sou contra um mundo melhor, que sou cético e que carrego uma sensibilidade trágica, independentemente de minha vontade filosófica. E por quê? Porque o que nos humaniza é o fracasso, homens e mulheres muito felizes não são homens e mulheres. Tenho medo de pessoas muito felizes. A consciência trágica, seja ela cósmica, seja miserável, miúda e cotidiana, determina o horizonte onde se move o humano. Dedico essas palavras a todos os nossos fracassos, e com esses olhos atentos ao medo que porta seu nome próprio é que o leitor deve ler estes ensaios e fragmentos aos pedaços. Os ensaios se movem em dois níveis, mas em velocidade, assim como numa montanha-russa. Um mais superficial, rápido, no qual descrevo imagens, pressinto dramas, fotografo pensamentos na sua nascente. Noutro, mais profundo, em que mergulho na filosofia, indicando meu trajeto filosófico, apontando minha filiação, descortinando quem fotografa os pensamentos superficiais e sem peso que preenchem meu imaginário cotidiano. A passagem de um nível geográfico do pensamento para o outro se dá de forma abrupta, violenta, sem mediações nem concessões às dificuldades do leitor. Minha intenção ao fazer uso dessa indiferença metodológica para com as dificuldades do leitor é testar seu fôlego. É necessária certa agilidade para acompanhar as passagens entre os dois níveis. Frases curtas (com o objetivo confesso de nunca dizer tudo que penso, nem tudo que sei sobre o assunto), falo aos homens e às mulheres do mundo contemporâneo, sem tempo, sempre com pressa e sem tempo; com pressa e fazendo contas; falando ao celular, enquanto fazem contas; correndo, assim como insetos assustados que correm como crianças com medo, em busca do repouso oferecido pela sombra e pelo esquecimento. E no futuro, sonhando com a vida silenciosa na forma pura da pedra. Uma pedra que pressente a divindade.

IMPERFEIÇÃO

Detesto a vida perfeita. E mais, com o passar do tempo, tornei-me um preguiçoso. Da preguiça facilmente se passa à tristeza. Resisto como posso porque minha fisiologia ainda está do meu lado. Como dizia Jorge Luis Borges, prefiro escrever textos curtos, falta-me a paciência necessária para textos longos. Claro que existem razões filosóficas para essa opção. A primeira delas é a preguiça enquanto tal, um vício, um pecado, algo que se deve evitar –

tema amplamente tratado pela filosofia. E reconheço-me no pecado. Segundo alguns sábios, a preguiça seria uma espécie de ceticismo da matéria, do corpo. Nestes ensaios e fragmentos, a preguiça me persegue: quero ser rápido assim como quem rouba, assim como quem conhece a si mesmo e sabe que desgraçadamente cansa rápido de tudo que faz e quer. Minha inspiração dura pouco. Outra razão? Não confio mais em sistemas de pensamento organizados, não porque acredite nessa bobagem que hoje em dia os "idiotas" (de que nos falava Nelson Rodrigues nos anos de 1960) cultuam como uma verdade última: o caos inteligente. Não. Acho que a vida provavelmente não tem nenhum sentido, apesar de que é na sua forma profunda um movimento que busca a ordem. Em matéria de sentido, prefiro os antigos: Deus, a fidelidade, a castidade, a culpa, a disciplina, a família, o medo, Shakespeare, a Bíblia, a *Ilíada*. Rejeito todos os novos sentidos: a democracia como religião moderna, a revolução sexual, que não passa de puro marketing de comportamento (continuamos a mentir sobre o sexo e a ser infelizes), a sustentabilidade (nova grife para o ambientalismo), a cidadania, a igualdade entre os homens, uma alimentação balanceada, o fascismo dos direitos humanos, enfim, tudo o que os idiotas contemporâneos cultuam em seu grande cotidiano. Aliás, aqui também tenho um parceiro ilustre: o filósofo romeno Emil Cioran (século XX), para quem só um mau-caráter ou a alma arrogante fazem sistemas em filosofia. O ceticismo (que, quando se instala em alguém como um modo da respiração, como em mim, ganha força de uma segunda natureza) não se delicia tanto em torturar almas religiosas, mas sim encontra seu maior gozo em humilhar almas científicas, racionalistas e bem-resolvidas. Se você se acha uma pessoa equilibrada, dessas que respeitam o parceiro no amor, que creem na igualdade entre os sexos como adorno na sua cama de casal, que comem apenas comida saudável, que conversam com plantas porque se julgam mais conscientes, que se julgam sensíveis e honestas, que reciclam lixo, feche este livro. Todas as poucas palavras que você encontrará aqui são contra você. Não acredito em você. Você é um mentiroso, ou uma mentirosa. Chego a ter pesadelos nos quais o mundo se tornou sua casa e em que homens e mulheres só respiram o que acham correto. Dedico horas do meu dia a pensar em formas variadas de fazer gente como você sofrer. E isso em mim também é um vício. Quanto mais eu tento aceitar suas mentiras que enchem os filmes, os jornais, as novelas, os livros, as salas de aula, os tribunais, mais fracasso. Não consigo escrever ou pensar uma linha se não sai assim como um grito. Mas, se você for mesmo esse mentiroso e ainda quiser continuar a ler este livro, esteja à vontade. Talvez ele seja um paliativo para sua hipocrisia. Cansei da filosofia, por isso comecei a escrever para não filósofos, porque a universidade, antes um lugar de gente inteligente, se transformou num projeto contra o pensamento. Todos são preocupados em construir um mundo melhor e suas carreiras profissionais. E como quase todas são pessoas feias, fracas e pobres, sem ideias e sem espírito inquieto, nada nelas brota de grandioso, corajoso ou humilde. Eu não acredito num mundo melhor. E não faço filosofia para melhorar o mundo. Não confio em quem quer melhorar o mundo. É isso mesmo: acho um mundo de virtuosos (principalmente esses virtuosos modernos que acreditam em si mesmos) um inferno. Um bom charuto, cachimbo ou cigarro pode ser uma boa companhia na leitura destes ensaios. Ou uma mulher gostosa do seu lado, ou um homem charmoso. Depois do sexo – e do cigarro –, leia um desses ensaios, quem sabe a quatro mãos. Se acompanhados por uma música clássica, melhor ainda. Enfim, se você não tiver nenhum vício, daquele tipo de compulsão fora de controle que esmaga sua vontade, aí não há qualquer esperança para você. Vire budista. Esboço uma filosofia do cotidiano. O que é uma filosofia do cotidiano? É uma filosofia que acompanha você no trabalho, na cama, entre as pernas, no carro, no hospital, no cemitério, no celular, no avião, no *free shop*, no amor, no ódio, no ciúme, na inveja, na gratidão. Uma filosofia ideal em meio ao cotidiano deveria caber numa frase que pode ser dita ao ouvido de uma pessoa numa festa quando você passa por ela. E por que uma filosofia do cotidiano? Porque o cotidiano é rasgado, na espessura das suas horas, por questões filosóficas clássicas. E como não temos tempo, não vemos isso com frequência. Quando enterra alguém que ama, diante do pó você sente o peso do vazio de seu corpo e de sua alma (creia nela ou não, você não escapará desse sentimento); quando adoece gravemente, é de novo o mesmo pó que em você estremece. Quando ama, teme a inviabilidade do amor ou a infidelidade inevitável. Quando tem filhos, sente o cheiro do abandono. Medos, medos e medos essenciais. Devemos nós nos dedicar apenas a bens materiais ou valemos pelo que somos? Seria essa questão o divisor de águas entre a ingenuidade romântica e a dureza da idade adulta? Somos capazes de escolher nossos valores ou a vida e a sociedade nos esmagam nos fazendo engolir valores sem qualquer escolha? Somos livres? E se formos, pagamos pela liberdade o alto preço da solidão e da insegurança? E, afinal, diante daquele pó de onde viemos e para onde retornaremos (aquele mesmo pó do qual você sente o cheiro quando chove, e a terra fica molhada à sua volta), quem somos? Seremos mais do que esse pó? Essa questão, tão filosófica, o acompanha ao médico, quando você vai ouvir resultados de exames de laboratório ou quando morre alguém que estudou na sua classe há apenas 20 anos. Tudo isso é concreto como uma pedra. A filosofia nasceu na Grécia com gente como Tales de Mileto, Sócrates, Platão e Aristóteles, uns 2.500 anos atrás, como uma tentativa de responder a questões assim, querendo fugir do mito, mas não conseguiu escapar plenamente do mito porque ele nos é visceral como uma pele. A ideia era compreender a vida apenas lançando mão de nossa capacidade de pensar e de observar o mundo naquilo que nele é visível. Há quem diga que fracassamos nessa tentativa, há quem diga que devemos sempre tentar. Pessoalmente, digo que nunca saberemos tudo, por isso sempre poderemos crer e dialogar com o invisível, e que a história dos últimos séculos nos provou que, quando deixamos de acreditar em Deus, sempre acabamos acreditando em qualquer bobagem como "História, natureza, ciência, energias, política, em si mesmo, tanto faz" (como dizia o escritor inglês Chesterton no começo do século XX). Para mim, Deus permanece uma ideia mais elegante. Saltará aos seus olhos o fato de que não sou neutro na exposição dos problemas. Falo em primeira pessoa. Para falar em primeira pessoa, antes tive que viver o tédio da "profissão" de filósofo acadêmico (embora ainda permaneça sendo um deles) e seus rituais de aniquilamento da coragem intelectual em favor da banalidade profissional. Como disse Nelson Rodrigues, sou um "ex-covarde". Ou, parodiando o filósofo francês e cético Montaigne (século XVI), "esta é minha metafísica". Não a de ninguém mais, ainda que fale na companhia de muitos outros com quem concordo ou discordo. Assim, os pequenos ensaios que você tem em mãos foram escritos por um filósofo de carreira, que cumpriu todos os rituais exigidos e que finalmente os recusou. Hoje, os vejo como vazios de sentido. Alguém que passou pela faculdade de Medicina, trabalhou como voluntário num necrotério, formou-se em psicanálise e cada vez mais está interessado no que pessoas comuns perguntam, como disse certa feita o filósofo judeu-alemão Franz Rosenzweig (século XX), e cada vez menos interessado no que a universidade quer. E o que ela quer? Como comecei a dizer anteriormente, ela quer burocratas medíocres que se escondam atrás de grandes teorias para não confessar sua insegurança diante da temida falta de sentido da vida e de sua matéria concreta, o envelhecimento. Não controlamos a vida. Grandes planos podem dar em nada, ter fé pode levar você ao fracasso, acreditar em si mesmo pode levá-lo a erros definitivos, escolher ficar rico pode ou não dar certo, ter muito dinheiro pode sim garantir pessoas ao seu redor amando-o (Nelson Rodrigues dizia que dinheiro compra até amor verdadeiro...) ou pode levá-lo à solidão – enfim, não há garantias. É por isso que o normal é ser inseguro, mentiroso, covarde, e não santo ou corajoso. Cuidado, a leitura destes ensaios pode trazer efeitos colaterais: dúvidas, insegurança, insônia, raiva. Se isso acontecer, e você não gostar do que está sentindo, leia livros de autoajuda, tome remédios, faça meditação por cinco minutos. Mas não me entenda mal, caro leitor, pois não quero dizer que ser covarde é bonito ou louvável porque, enfim, a vida é dura e não parece ter sentido, e por isso valeria a pena ler livros de autoajuda. Acho que essa literatura não vale a pena, melhor sofrer sendo gente do que sorrir sendo uma pedra burra. Quero dizer que, ainda que a vida não tenha sentido, o mal vença, a mentira impere, foi exatamente o vício pela filosofia na sua busca incansável pela verdade que me trouxe aqui e que me levou a querer falar com você, aí na sua cama, ao lado dessa pessoa que você não sabe mais se ama (ou se ela ama você), mas morre de medo de pensar nisso, ou no seu trabalho, esse lugar onde você dificilmente repousa ou confia em alguém, ou seja, no ínfimo lugar que você ocupa nesse oceano de pedras e silêncio no qual nascemos e no qual morreremos. Outra coisa: os ensaios foram pensados num tamanho que dê para você ler pelo menos um a cada dia. Mas, como tudo nesta coletânea é assistemático, os tamanhos variam, alguns beiram a miséria de conteúdo por ser meros fragmentos de pensamento, como "migalhas filosóficas", nos termos do grande dinamarquês Kierkegaard (século XIX). Entretanto, o melhor é que leia todos, pouco importa a ordem, porque juntos eles comunicam de forma mais clara minha visão do inferno. Certa feita, o filósofo alemão Peter Sloterdijk (em atividade) me disse, em meio a uma conversa regada a charutos, cachimbos e vinho, que, numa época em que a covardia impera como lei da alma, em busca frenética de felicidade, o pensamento tende a se refugiar na forma de migalhas que têm a mesma missão da guerrilha, combater em *flashes* e se esconder. Adorno (século XX) disse a mesma coisa, de forma diferente: assim como Simmel (sociólogo alemão do início do século XX), devemos pensar com o lápis, isto é, fazer rascunhos, esboços, leves e efêmeros como forma de resistência a um mundo obcecado pela felicidade. O grande crítico e pensador Otto Maria Carpeaux (século XX) disse certa feita que um ensaísta é um escritor sério cujo texto é transfigurado por um raio de poesia. Não tenho poesia em meu sangue, mas tenho muita tortura e a partilho com você. E por fim: você deve ter percebido que citei Nelson Rodrigues algumas vezes neste pequeno ensaio. Sim. Ofereço a ele estes ensaios. Hoje, faltam homens como ele: homens que não têm medo. Assim como ele, não acredito num mundo melhor e direi isso de várias formas diferentes até morrer. Nos últimos séculos, acreditar num mundo melhor se transformou na pior prisão para o pensamento e para a alma. No limite, uma falha de caráter.

A RUÍNA

O ceticismo me arruinou. Começou com exercícios de linguagem, observando suas incongruências na definição dos objetos e dos tempos verbais, depois comparando teorias sobre a vida após a morte a existências da alma e de Deus (coisas às vezes sem muita importância, dependendo da hora do dia ou da idade que você tem), para finalmente atingir a respiração, e aí talvez o dano seja irreparável, porque você se torna quase desumano. A falta de fé (em qualquer coisa) pode dar falta de ar. O mundo fica distante. Há algo na condição do ser humano que demanda certa ingenuidade ao olhar do cético. Não é humano saber que a vida é sustentada numa ilusão contínua. Pagamos um preço. Outro risco: pensamos que a dúvida, esse ácido do espírito, só afeta as ideias; mas não, ela também afeta a alma, o corpo, o desejo, os gestos, a capacidade de sonhar à noite. Os céticos gregos já sabiam disso: chamavam o efeito da dúvida sistemática sobre os afetos de *apátheia* (viver sem paixões). Só que para os gregos isso era desejável. O cético viraria uma espécie de sábio *blasé*, com a alma sob controle. Talvez sim, mas comigo não foi assim. Hoje, luto contra a dúvida geral, o ceticismo em mim atingiu a matéria da alma, quase a reduzindo a nada. Não acredito em nenhum sistema de valor disponível. Ando como quem anda num deserto, sem direção e sem discernimento porque a paisagem é toda igual, feita da mesma matéria efêmera e sem forma. Acho que essa é a condição pós-moderna por excelência. Estes ensaios são um exercício dessa consciência que se desespera porque tudo vê e tudo analisa. Uma consciência saturada de informação e conhecimento. Um exercício de uma consciência em ruínas. Além do mais, não penso que essa seja uma tragédia particular minha; penso que se trata de uma experiência histórica. Caminhamos por ruínas, e isso me deixa um pouco mais feliz porque nelas me sinto em casa.

MEDOS MASCULINOS E MULHERES OBSOLETAS

Este ensaio é uma breve reflexão do ponto de vista masculino acerca de algumas questões que afetam a relação entre homens e mulheres no momento contemporâneo. E, portanto, tudo começa com o advento da chamada emancipação feminina e o medo que ela causa nos homens que gostam de mulheres.

Não gosto do termo "emancipação", mas, como ele é de uso corrente, farei uso dele aqui.

"Emancipação" não significa felicidade. Aliás, entendo

"emancipação" da seguinte forma, e assim o leitor deverá entendê-la toda vez que aparecer neste ensaio.

"Emancipação", para mim, define-se em três etapas:

1. Partir de problemas reais. Por exemplo, submissão de algumas mulheres a maridos insuportáveis por falta de grana para mandá-los para o inferno ou impossibilidade de mulheres herdarem patrimônios, como era prática comum no passado.
2. Solucionar esses problemas de modo eficaz. Por exemplo, divórcio, profissionalização definitiva das mulheres, nova legislação para proteção dos direitos das mulheres.
3. Negar sistematicamente os efeitos colaterais indesejáveis causados pelas soluções dadas (item 2) aos problemas reais (item 1). Por exemplo, mulheres independentes financeiramente, mas sozinhas e desesperadas que se iludem dizendo "pelo menos hoje eu posso transar livremente com meninos de 20 anos sem dar satisfação pra ninguém", mães solteiras e disfuncionais cotidianamente, repressão sistemática pela mídia ou intelectuais engajadas de qualquer discussão séria acerca desses efeitos colaterais indesejados, acusando-os de mera propaganda machista.

Interessa-me principalmente aqui o item três, sobretudo naquilo que afeta diretamente os homens, que é quase tudo, porque, quando se é heterossexual, se é necessariamente dependente do que afeta "o outro", isto é, o sexo oposto. Experiência estranha ao homossexual que não ama o outro (hetero) sexo, mas sim o mesmo (homo) sexo. Os dois outros itens já me cansaram, seja pela verdade deles, seja pelo sono que me causam.

Sim, os homens estão de saco cheio das mulheres emancipadas. Mas não podemos transar com nossas avós, nem queremos. Há coisas a aprender com a emancipação das mulheres. Mas, para começar a aprendê-las, é necessário que possamos falar do assunto, e raramente falamos disso, até porque nossas mulheres têm o hábito de falar em nosso lugar mesmo quando dizem que querem nos ouvir. A capacidade feminina de enterrar qualquer conversa num sem-fim de detalhes é atávica.

Alguns darwinistas remetem essa capacidade feminina infinita para falar ao fato de que nossas ancestrais viviam coletando com suas 33 crias e suas amigas e, enquanto isso, conversavam. Já nossos ancestrais, ocupados com a caça e o risco implícito nela, precisavam ser silenciosos e focados na presa, logo, os que falavam demais eram malsucedidos e por isso sumiram na poeira dos inadaptados. Já para as fêmeas, a conversa era parte do cotidiano saudável, e, por isso, as silenciosas não tiveram sucesso, porque eram isoladas e antipáticas.

Por razões evolucionistas ou não, os homens são "travados", falam pouco e temem a intimidade consigo mesmos. Falta-lhes a "cultura da subjetividade", normalmente farta nas mulheres. Isso dificulta as coisas em tempos de crise de identidade masculina, como a que vivemos. O escritor americano Philip Roth, em seu maravilhoso *O animal agonizante*, diz que existem vantagens na emancipação feminina, mas dificilmente os melhores entre nós percebem. Essas vantagens têm a ver com a superação da eterna e falsa fragilidade feminina, arma mortal usada contra os homens que querem "cuidar" das suas amadas. Temos vergonha de ser fracos e não atendê-las em suas demandas. E essa vergonha é utilizada dia a dia, sem nenhuma cerimônia, pela quase totalidade das mulheres. Dizem que existem mulheres que não fazem uso desse "recurso", mas eu nunca conheci uma delas. Na troca de pneus, no enfrentamento de brigas, nas dificuldades financeiras, nos fracassos em geral, se repete o uso desse "recurso".

Segundo Roth, uma vez libertas das garras de uma sociedade que as impediria de crescer, as mulheres não mais poderiam se esconder atrás da fragilidade como destino feminino, mas sim alçariam altos voos por si mesmas e, assim, realizariam sua força até então reprimida. E aí entra a vantagem: os homens poderiam abandoná-las a sua sorte de solitárias livres quando se cansassem delas sem sentir culpa por suas misérias de mulheres abandonadas. Desse modo, estaríamos todos livres e solitários.

O primeiro problema é que, assim como a dominação muitas vezes é erótica na cama (ouvi-las gemer sob a força do sexo que as penetra é uma delícia), a dependência feminina sempre seduziu a maioria esmagadora dos homens. A dependência feminina sempre foi, no plano mais sofisticado da química entre os amantes, uma manipulação da qual o homem só escapa quando não ama a mulher. A única libertação seria a indiferença. Todo homem casado que ama sua esposa sabe que ela é quem manda na relação cotidiana: escolhe mesas em restaurantes, decide quais amigos vão ao cinema, manda em suas roupas, escolhe a casa em que vão morar, a cor das paredes, controla seus silêncios, interpreta seus sonhos. Engana-se quem supõe que detalhes assim não tecem a vida e contaminam a alma das pessoas. Uma mulher lhe diz se você é vencedor ou derrotado. Quando um homem cansa de obedecer, ele vai embora. Quando ele já não teme o que ela sente ou pensa, ela já está só. Sim, eu sei que isso pode ser visto como mera retórica machista: as mulheres podem mandar em casa, no microcosmo (diria La Beauvoir em seu *O segundo sexo*, bíblia feminista), mas os homens mandam no espaço público. O problema é que o amor não se dá no espaço público, e os homens cansam sim do "pequeno" poder feminino (que nada tem de pequeno) em seu cotidiano microscópico. Com o impacto das mudanças nas vidas das mulheres e dos homens nas últimas décadas, esse cotidiano microscópico passou a sofrer de novas agonias: quais os papéis sociais de homem e mulher? Ao final, a sutil dominação feminina sobre a alma masculina era o preço a pagar por sua infinita doçura hoje morta.

Mas deixe-me dizer um segredo, minha bela leitora: neste ensaio pouco me importa o que você ou qualquer outro argumento feminista queira dizer. Desta vez, eu falo e você ouve. Isso, claro, se você quiser ter alguma chance de escapar dessa cama solitária na qual você se deita todas as noites porque os homens ou bem têm medo de você e de seu sucesso e (pretensa) segurança, ou bem a acham uma chata que fala demais e (pensa) que sabe demais. Quem sabe posso ajudá-la a entender a "alma masculina" que algumas de suas amigas mais nervosas estão prestes a varrer do mundo, civilizando-a até a morte.

Não pense que, porque dormimos quando vocês querem discutir a relação, isso implica que não sabemos do que vocês falam. Levem a sério nosso tédio com o que vocês dizem. Ele fala da descrença (e do desencanto) que a experiência com o mundo prático gera com relação às palavras e também fala acerca de alguns medos essenciais que temos.

Quais são esses medos?

Antes de tudo, segure a respiração porque sei que você se apavora só em pensar que os homens têm medo de alguma coisa. A sensibilidade masculina a desorienta. Você só gosta dela nos filmes e nos carinhos no sexo. No fundo, você quer o monopólio da sensibilidade para si. E quer o mesmo homem de sempre (seguro, sólido, sem dúvidas), só não quer sentir-se submetida a ele.

Mas os homens têm sido empurrados para a sensibilidade e para a cultura da subjetividade. Talvez sempre fôssemos capazes disso, mas a vida tal como era nos poupava ou impedia. Agora nos afogamos em palavras que não dominamos.

Mesmo com toda a conversa da modernidade, os homens permanecem presos ao sentimento de que devem sustentar suas mulheres (quando de fato as querem para valer), e as mulheres também querem ser sustentadas. Podemos dizer que isso é cultura (isto é, poderia ser mudado via reeducação contínua) ou natureza inata (difícil de mudar). O problema é que sentimos que tudo que queremos (atenção, cuidados, delicadeza, dedicação, "a janta") é opressão para as mulheres, enquanto tudo que caracteriza o desejo da mulher (ser meio paranoica com tudo, exigir mil coisas, ou mais, para se sentir amada suficientemente, fazer-nos esperar por elas, sermos capazes de saber de antemão o que elas querem que saibamos, darmos presentes todos os dias) é direito da natureza feminina. Esse é um nó que, com o tempo, desgasta a relação no cenário cotidiano.

O sentimento é de exigência sem fim. Mas, por outro lado, não podemos exigir nada porque, de repente, acende a luz vermelha da "opressão sobre a mulher".

Em sala de aula, quando discutimos questões assim, entre alunos de 20 anos, mais ou menos, a queixa masculina é sempre esta: temos que ser sensíveis, temos que ser durões (a própria metáfora física da potência sexual aponta para isso), temos que ser compreensivos, companheiros, mas..., mas, se chorarmos, se perdermos o emprego, se ficarmos tristes, já era... As mulheres são absolutamente insensíveis a qualquer sofrimento masculino que dure mais do que cinco minutos. Casamentos não resistem ao fracasso masculino, homens deprimidos são sistematicamente abandonados, enquanto mulheres deprimidas reconstroem a vida todo dia. Homens reconstroem suas vidas mais facilmente quando se casam de novo com outras mulheres mais jovens, mas dificilmente homens deprimidos casam de novo, comumente são recusados por outras mulheres porque quase sempre a depressão masculina vem junto com perda financeira e perda de saúde, e mulheres, normalmente, não suportam homens fracos e sem dinheiro. Mulheres deprimidas saem mais facilmente da depressão, muitas vezes sem ter o seu casamento original danificado.

O que homens de 20 anos sentem é que não há plano B para eles. Casamento e paternidade não são suficientes nem para eles como sucesso masculino, nem para suas namoradas. É comum, nesta dita era pós-moderna, ouvirmos mulheres discutirem opções como "quero trabalhar, mas não tanto que ponha em risco a maternidade". Ou discutirem opções profissionais "que estejam em sintonia com sua energia pessoal". O homem sente que isso não existe para ele. Não há opções, a não ser o sucesso profissional que deve sustentar todo o resto, mesmo que esteja vivendo com uma mulher emancipada e bem-sucedida. O único ganho real do homem com a emancipação feminina, como diz Roth, é poder abandoná-la à sua sorte sem culpa. E os melhores entre nós nunca fariam isso.

Nada mudou no mundo, tirando o fato de que nós perdemos todos os "direitos" que tínhamos.

Essa realidade, essa sensação de injustiça cometida contra os homens, produz comportamentos de baixo investimento afetivo porque muitos de nós caímos na fobia. Medo de investir e receber de volta uma petição de direitos, que vai desde o direito a deixar a cozinha vazia até o de deixar a cama desinteressante e o afeto desorientado, mas com a manutenção da exigência de alta renda por parte dos homens. Isso nos estimula à canalhice por razões "sociopolíticas": "hoje em dia as mulheres têm não os mesmos direitos, mas mais direitos, logo, de mim, elas não tirarão nada". O cinismo, como sempre, aparecerá na sua face profunda: ressentimento agressivo.

Algum tempo atrás, uma aluna num curso em que as pessoas eram velhas (tipo 40 anos, mais ou menos) fez um desabafo: "os homens me punem porque sou emancipada". Minha cara, os homens não punem você. Eles têm medo e ressentimento porque sabem que não têm nenhum direito diante de sua infinita insatisfação (traço eterno da mulher), nem diante (depois das últimas décadas) da sociedade, porque não querem o horror de ser chamados de machistas. O resultado é a fuga.

Com o passar dos anos, os homens envelhecem e mudam, e também o seu olhar sobre as mulheres. Pior ainda se pensarmos em homens mais inteligentes e exigentes. Não, não basta "trazer uma cerveja e vir pelada". O problema é que as mulheres, na realidade, apesar de dizerem que buscam homens mais inteligentes e exigentes, não estão preparadas para isso quando encontram. Para além das fantasias da empregada, da enfermeira e da colegial, queremos sutileza e pouca preparação. Mais espontaneidade e menos obviedade. Não acredite na história de que somos gorilas com pouco pelo. Os homens buscam menos controle sobre o que pensam e sobre o que devem fazer para serem vistos como "bons companheiros". As regras da civilização da emancipação fazem a mulher ficar excessivamente desinteressante e interesseira.

A Filosofia, a Sociologia, a Antropologia e a Psicologia muitas vezes apenas atrapalham. A Filosofia idealiza, fazendo-nos pensar que o amor seja mais do que é – banal, passageiro, incoerente. A Sociologia contamina o amor com suas bobagens foucaultianas: dar um presente para uma mulher é assediá-la, querê-la dominada sobre uma cama, machismo atávico ou falocentrismo. A Antropologia relativiza tudo, fazendo o amor romântico ser mais uma mania, como comidas ou bebidas típicas, ou mera invenção da literatura ocidental. A Psicologia nos obriga a levar Freud para a cama, faz da paixão um sintoma. Você não é apenas você, você é sua classe social, sua cultura, seus traumas, suas ilusões e idealizações. Informação demais atrapalha. Torna a ação confusa, insegura, desorienta o que em nós é hábito.

A grande metáfora da condição masculina, independentemente de qualquer blá-blá-blá moderno, é: diante de uma mulher carregando algo pesado, se você não carregar para ela, é um mal-educado, um covarde, um fraco. Mesmo que ela seja "culpada" por tentar transportar algo com peso acima de sua capacidade, ao homem ainda é negada a possibilidade de dizer "não". Quando amamos, carregamos tudo com felicidade.

Se o peso for exagerado, morreremos, mas não desistiremos de carregá-lo se amarmos a mulher que está do nosso lado. Normalmente, antes de tudo, morrerá o amor por ela.

Talvez o resumo da ópera seja: o homem precisa aprender a dizer "não", assim como a mulher aprendeu. Ela diz "não" para a cozinha, para a maternidade, para a virgindade, para a fidelidade, sob as palmas da cultura pós-moderna. Como uma liberta das amarras do passado, ela caminha solta em meio aos escombros de seus velhos papéis sociais. O homem precisa aprender a dizer "não" para a mulher que se oferece sexualmente, para a suspeita sobre ele lançada de que não seja capaz de sustentá-la (em todos os sentidos da palavra), para a obrigação de estar sempre presente quando ela desperta de seu sonambulismo emancipado e volta à atávica cobrança de sempre.

PASSADO

Quando li *Origem* de Thomas Bernhard (escritor austríaco do século XX), senti uma imediata sinergia: sua demolição das lembranças infantis e adolescentes me tornou um irmão seu. Não guardo nenhuma sensibilidade especial pelo passado. Minhas lembranças de infância são quase insignificantes, as amizades, um dia essenciais, se apagaram. Talvez eu seja um homem sem alma. Talvez minha alma seja constituída do tipo de substância inútil e efêmera da qual são feitas as cinzas. Com isso não quero dizer que não tenha mágoas ou lembranças. Sou banal. Quero dizer que, quando olho para trás, vejo sombras num deserto sem apelo emocional. Claro, fiz análise por anos. Talvez os analistas digam, a partir de sua ciência de anatomistas de almas, que tenho problemas. Sim, tenho muitos. Mas não chorei a morte de meus pais. Deve haver amor em algum lugar da casa em que vivi quando criança, mas não sei onde. Sei, sim, que havia (e há) falta de ar.

BARATAS

É comum se dizer que as baratas sobreviveriam a desastres nucleares. Isso deveria ter sido levado mais a sério. Não no sentido comumente explorado pelo cinema B, mas no sentido do profeta Kafka: a besta em nós não está em nosso passado, mas em nosso futuro. E o engano mais comum nessa matéria se dá pelo fato de que o aliado da condição de besta no humano é a sistematização da vida em busca da felicidade plena.

Todo mundo já ouviu falar do livro *A metamorfose* de Kafka, o livro em que o personagem Gregor Samsa amanhece transformado num inseto e morre de depressão na janela. Aliás, janelas são lugares típicos onde morremos à espera de uma redenção que nunca chega. O próprio Kafka volta a essa imagem outras vezes em sua obra.

Um dos trechos inesquecíveis é quando a jovem barata passeia pela parede do quarto. Sei que especialistas dirão que Kafka nunca usa a palavra "barata" no livro, mas os especialistas aqui pouco importam, a tradição dos leitores imortalizou a barata em Kafka. Ela é parte da formação de qualquer amante da literatura. E mais: o importante na leitura de um livro como esse é como ele faz você ver a barata no seu espelho. Em Kafka, a literatura se realiza quando você vê a barata refletida no espelho. Ao final, a barata Samsa morre de tristeza na janela.

Mas voltando às paredes do quarto. Muitas vezes, em horas de agonia, contemplamos as paredes e o teto de nosso quarto, mergulhados no silêncio da solidão. No trecho em questão, a jovem barata caminha pelas paredes e pelo teto, deixando uma espécie de gosma marrom produzida por suas infinitas perninhas. Essa mesma gosma a faz capaz de andar de lado e de cabeça para baixo, coisa que, quando humano, Gregor não conseguia fazer. Aí já vemos um dos ganhos de Gregor em virar uma barata. No mundo melhor que desprezo, as baratas teriam uma passeata anual e direito a direitos humanos, porque uma delas foi capaz de se emocionar ao experimentar a nova forma de liberdade presente em suas perninhas e sua gosma marrom. Suspeitava Kafka, não sem alguma razão, de que o darwinismo falava de nosso futuro e não de nosso passado. Uma barata feliz pode ser uma opção.

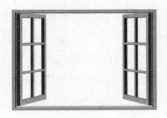

A JANELA

A maior impostura moderna não é sua utopia racionalista, mas sim sua denegação sistemática da infelicidade. Pagamos por esse ônus cada vez que mentimos organizadamente. A afirmação de que a modernidade está em crise é já senso comum, temos até mesmo uma grife para essa crise: "pós-modernidade". O epicentro da crise seria a descoberta de que a razão – essa "deusa" dos iluministas – não é um agente autônomo porque vítima das paixões. Essa dependência da razão não é um fato "recém"-descoberto. Já no século XVIII, o romantismo alemão afogara essa iludida razão no oceano contextual do "espírito do povo" (*Volksgeist*), e o cético David Hume declarava sua condição de escravo das paixões. Mesmo antes disso, grande parte da reflexão filosófico-religiosa interna à tradição abraâmica (judaísmo, cristianismo e islamismo) nunca legitimou tal delírio racionalista – o que, a rigor, implica a consciência de que a aposta moderna num caráter humanista e racionalista já era para a teologia, na sua fonte, má-fé ou ignorância. No fundo, trata-se apenas do orgulho humano em querer ser mais do que é: não somos animais autônomos na cadeia de produção de sentido. Resumindo: não somos nós que produzimos conscientemente o que faz sentido em nossas vidas. Esse fato ilumina uma realidade contínua acerca da produção do saber humano: nossa cadeia de produção de sentido não é historicamente cumulativa (grandes cadeias de sentido podem ser sepultadas com o declínio de grandes civilizações), nem carrega em si um eixo essencialmente justificável. O acaso, o pecado, a injustiça, a miséria, a escuridão, a guerra, tudo pode produzir sentido. Ao elegermos apenas a razão feliz como máquina de sentido, ignoramos o possível mistério na experiência humana de atribuição de sentido. A crítica dessa ilusão foi feita sem misericórdia por gente grande como Santo Agostinho, Freud, Marx ou Nietzsche (de modos diferentes): pecado, inconsciente, ideologia, relativismo, convencionalismo, gênero, enfim, o racionalismo seria uma forma sofisticada de impostura. Resta-nos criticar outra impostura moderna: o fetiche da felicidade, esse "falso" universal que escapou à navalha de Ockham, o franciscano antimetafísico do século XIV imortalizado por Umberto Eco em seu livro *O nome da Rosa*, ali chamado de Baskerville. Penso que essa outra crítica é mais dura de ser feita porque suas causas e seus efeitos estão mais "fisiologicamente" impregnados na química humana: a busca da felicidade seria nosso atavismo biológico. Todavia, essa mesma natureza biológica seria a plataforma na qual se narra o fracasso último e necessário da fisiologia humana (que prova a impostura infeliz da felicidade): a morte e sua crônica anunciada, o envelhecimento. Um modo de descrever esse envelhecimento é o lento – na maioria das vezes – processo de invasão da vida pelas diversas faces da morte. A razão desesperada necessita fazer aqui uma ação rápida em favor da impostura: precisamos multiplicar os modos sofisticados de denegar esse processo e, assim, criarmos uma razão feliz, ainda que ao final se trate apenas de uma mentira elegante.

Evidentemente, o envelhecimento não é uma invenção moderna, tampouco o são a felicidade e a obsessão por ela. A Filosofia mesma já teceu poemas sobre essa obsessão. O ser humano padece dessa mania porque obviamente é um "ser-para-a-infelicidade". O fundamental seria identificar qual é a relação específica entre modernidade e (in)felicidade. Essa relação caracteriza-se, dentre outros modos de descrevê-la, pela técnica denegativa dessa condição íntima humana (o ser-para-a-infelicidade), técnica esta que, em muitos casos, constituiu-se num repertório variado de pseudoteorias a serviço do fetiche da felicidade.

O FRACASSO

O psiquiatra e filósofo alemão Karl Jaspers sintetiza assim o *éthos* que rompe com essa denegação (e que aqui defendo):

> As situações limites – a morte, o acaso, a culpa e a desconfiança que o mundo desperta – me ensinam o que é fracassar. O que farei diante desse fracasso absoluto, a visão do que não posso escapar quando represento para mim mesmo as coisas honradamente?
>
> (Karl Jaspers, *La filosofía*, México, Fondo de Cultura Económica, p. 19, trad. minha)

O que define o "moderno" tardio diante da aporia humana é a "desonra" (no sentido de Jaspers) em não encarar que a consciência é, em última instância, uma consciência de um fracasso inevitável. Para compreender um pouco melhor esse fato, é preciso apropriarmo-nos do *locus* específico da "invasão fisiológica" da morte (o envelhecimento) ao longo do estabelecimento da modernidade, isto é, a dissolução sistemática dos "mecanismos" metafísicos que produziam algum sentido para a inviabilidade do ser humano (a morte) que o pensamento de viés materialista moderno gerou. Em virtude desse sistema dissolutivo, o processo consciente de invasão da morte viu-se diante da necessidade de cumprir alguma agenda que lidasse com essa entropia última do sentido – já que o envelhecimento acabou por transformar-se, em decorrência de sua desqualificação como lugar de valor psicossocial, em *mero* processo através do qual a entropia invade o corpo. O filósofo alemão Peter Sloterdijk denomina esse processo de "terror pós-metafísico" e o define como o *surplus* moderno no estatuto existencial essencialmente *trágico* do homem e da mulher: resta-nos enfrentar essa devastação do sentido em relação às ilusões metafísicas e religiosas. O processo de enfrentamento desse "deserto de sentido" acabou por se submeter às vãs tentativas de construir um sistema mais ou menos organizado de fuga (a cultura da autoajuda travestida de teorias "proativas" a serviço da "autoestima"). Uma consciência atormentada pela dor humana alimenta implicitamente o desejo dessa fuga: a percepção de que o homem é um animal aporético (isto é, sem saída) serviria para legitimar todo e qualquer processo de autojustificação, desde que tal processo de alguma forma alivie essa consciência infeliz. Trata-se de um tipo de instrumentalismo (muitas vezes inconsciente, creio eu) psicossocial que busca criar modos de sobrevida "feliz", ainda que sem fundamento real. Mas, afinal, perguntaria um instrumentalista consciente, de que adianta essa "honra", de que nos fala Jaspers, se no fim das contas vivemos um fracasso do sentido? O problema é que a impostura moderna da felicidade não aceita ser caracterizada como uma forma de mercenarismo retórico existencial, ela quer para si o estatuto de uma ética não instrumental, pois recusa a consciência sofista ou cética profunda que fundamenta qualquer atitude pragmática sólida. Em poucas palavras: ela recusa a condição de uma ética que se reconhece como filha desesperada da tragédia, a qual apenas lida localmente com os efeitos nefastos de uma espécie (a humana) que sobrevive fechando os olhos para os abismos que habita.

O que nos diria Kafka sobre isso?

> "Esperança há muitas, mas não para nós."
> (Franz Kafka)

É conhecida a hipótese de que a inteligência judaica do Centro-Leste Europeu, na virada do século XIX, teve um cenário privilegiado para desenvolver uma consciência particularmente negativa (em termos dialéticos, o momento negativo é aquele propriamente crítico, antes do restabelecimento de uma nova tese) perante o fracasso da modernidade em realizar suas promessas. Essa condição teria sido responsável pela atmosfera "pessimista" que parece surgir quando lemos obras de autores judeus como Adorno, Horkheimer, Benjamin, Rosenzweig, Buber, Strauss, Kafka, Freud, Marx (o "Marx" da *aporia* do capital), Bauman (mais recentemente), entre outros. Essa particularidade estaria ligada ao fato de que os judeus, na esteira do "otimismo napoleônico" filossemita, teriam aderido radicalmente à modernidade, na medida em que esta representava, finalmente, a tão desejada cidadania ocidental. Mas logo, e aqui estaria a consciência privilegiada, esses judeus perceberam que o preço pela modernidade existencial era a dissipação da identidade judaica, filha de processos tradicionais, sedimentados, que, aos olhos da modernidade, era precisamente o "inimigo" lógico a ser destruído: o atavismo que alimentava um passado a ser esquecido e superado. Nessa passagem, os judeus teriam se dado conta de que a emancipação moderna implica um mergulho no vazio de sentido, e que a produção de sentido era, em sua maior parte, função de "processos" não sistematizáveis ou passíveis de manipulação pela administração racional da vida feliz. A vida para felicidade se tornou o grande fetiche do "novo mundo". Para os judeus, a modernidade era uma recaída mais profunda no *galut* (exílio da diáspora), ainda que fruto de uma promessa que se revelou catastrófica exatamente na mesma medida em que fora sedutora: a *felicidade* judaica moderna logo desmoronou nos campos de extermínio. O menor preço era, afinal de contas, a assimilação dos judeus ao estatuto de europeus ocidentalizados, sem passado.

Esse detalhe histórico paroquial tem, na realidade, significado universal em termos de uma reflexão sobre a relação entre entropia de sentido e modernidade.

Uma Mensagem Imperial
O imperador – assim consta – enviou a você, o só, o súdito lastimável, a minúscula sombra refugiada na mais remota distância diante do sol imperial, exatamente a você o imperador enviou do leito de morte uma mensagem. Fez o mensageiro se ajoelhar ao pé da cama e segredou-lhe a mensagem no ouvido; estava tão empenhado nela que o mandou ainda repeti-la no seu próprio ouvido. [...]. E perante todos os que assistem a sua morte – todas as paredes que impedem a vista foram derrubadas e nas amplas escadarias que se lançam ao alto os grandes do reino formam um círculo – perante todos eles o imperador despachou o mensageiro. Este se pôs imediatamente em marcha; é um homem robusto, infatigável; estendendo ora um, ora outro braço, ele abre caminho na multidão; quando encontra resistência aponta para o peito onde está o símbolo do sol; avança fácil como nenhum outro. Mas a multidão é tão grande, suas moradas não têm fim. Fosse um campo livre que se abrisse, como ele voaria! – e certamente você logo ouviria a esplêndida batida dos seus punhos na porta. Ao invés disso, porém – como são vãos os seus esforços; continua sempre forçando a passagem pelos aposentos do palácio mais interno; nunca irá ultrapassá-los; e se os conseguisse nada estaria ganho; teria de percorrer os pátios de ponta a ponta e depois dos pátios o segundo palácio que os circunda; e outra vez escadas e pátios; e novamente um palácio; e assim por diante, durante milênios; e se afinal ele se precipitasse do mais externo dos portões – mas isso

não pode acontecer jamais, jamais – só então ele teria diante de si a cidade-sede, o centro do mundo, repleto pela própria borra amontoada. Aqui ninguém penetra; muito menos com a mensagem de um morto. – Você, no entanto, está sentado junto à janela e sonha com ela quando a noite chega.

(Franz Kafka, *Eine Kaiserliche Botschaft in Die Erzählungen und andere Ausegewählte*. Prosa, 1919, p. 305, citado por Enrique Mandelbaum, *Franz Kafka: um judaísmo na ponte do impossível*, São Paulo, Perspectiva, 2003, p. 14)

Kafka é conhecido como uma das consciências mais agudas com relação à fratura de sentido na modernidade: essa fratura significa – para além da derrocada das crenças metafísicas – a "nova" condição moderna de não possuir a ingenuidade necessária na qual se constrói a trama dos sentidos. "Sabemos demais" para crermos em qualquer construção de sentido, em nós o ceticismo se tornou uma segunda natureza. Essa "novidade", produto da técnica científica e administrativa de conduzir a vida humana, nos revela que o corpo real e dilacerado no qual habita a fratura não é mero fruto de um deus qualquer, mas resultado de um projeto humano de futuro que permanece ativo e para o qual não há retorno. O ruído dessa fratura é o cinismo ou a mentira sobre si mesma. A fratura de sentido é criação nossa. Ao matarmos Deus, descobrimos que matávamos a nós mesmos.

Na profética kafkiana manifesta-se a inefabilidade presente do horror moderno, a orfandade. E nesse pequeno relato, *você*, caro leitor, é a testemunha que lê *seu* próprio horror. A forma direta de expressão revela a você seu não lugar na cadeia de sentido, representada pelo esforço do mensageiro em cumprir sua missão e pelo seu (seu, leitor, não do mensageiro) desejo, à noite, na janela, de receber uma mensagem especial (núcleo duro do sentido no relato) do imperador morto, instância máxima num reino gigantesco no qual sentido, valor e poder se entrelaçam. Sua imagem na janela, à espera pela mensagem, significa que você de alguma forma sabe que ela existe, mas nunca saberá seu conteúdo. Trata-se de um inefável puro, formal, sem êxtase. Você é o *só*, o *lastimável*, uma *mísera sombra refugiada* no recanto mais distante do reino. Essa sequência na citação anterior, que começa com suas qualidades e termina com sua posição geográfica ou geopolítica, indica sua nulidade. Essa nulidade materializa-se na sensação esmagadora de exílio ontológico, pois ser uma sombra solitária e miserável é não ter ser. Se assumirmos uma perspectiva temporal, o imperador, antes de morrer, "lembra-se" de modo especial de você, a sombra solitária, e o mensageiro inicia seu trajeto sem fim. Essa temporalidade mergulhada num mal infinito, que se perde em meio à mancha do mundo, é interrompida no nível da narrativa quando o narrador descreve sua esperança vã na janela. Evidentemente, sua descrição na janela não suspende a asfixia do mundo num tempo homogêneo infinitamente igual a si mesmo, apenas lembra a você sua condição de sombra que espera. Trata-se de um reforço de sua figura desejante como não lugar na cadeia (derrotada) de sentido. Por outro lado, à luz de uma perspectiva qualitativa-espacial, a arquitetura do mundo (os aposentos gigantescos, os palácios intermináveis e os pátios infinitos) e da humanidade comum (a borra amontoada e impenetrável) nos faz ver a eternidade de uma matéria indiferenciada (o mesmo materialismo que define *você* como sombra lastimável). Aí, o que resta da mensagem perdida é sua qualidade de ser a mensagem de um *morto* (e não mais de um imperador que, ao morrer, *sacralizará* alguém com uma última lembrança preciosa). Ao ler o relato sobre *seu* fracasso, até parece que podemos ouvir o ruído das vozes da nobreza do palácio referindo-se à *gentinha* que se amontoa no mercado das trocas, no centro do mundo, discutindo, rindo, fofocando sobre a inutilidade de se tentar levar adiante a palavra de um morto para os ouvidos de uma sombra. Como um corpo que se desfaz no tempo e na distância, a face do imperador perde a luminosidade solar.

 O fracasso da suposta soberba técnica do mensageiro (ágil nos movimentos, robusto no corpo e portador em si do símbolo do poder imperial) nos fala que mesmo o "poder" (o imperador) não *funciona* como poder, pois seu portador esgota-se num labirinto no qual também se perde a possibilidade de se compor uma lógica eficaz mínima para o movimento no espaço. O conforto que todo sistema lógico de sentido poderia produzir, em Kafka, revela-se fonte da inefabilidade do terror: nada há mais do que uma mística concreta da agonia. A referência máxima de sentido (o Kaiser) não passa de um morto, cuja palavra não penetra a massa deformada que habita o centro do mundo: você, leitor, é impermeável ao sentido; se o mensageiro chegasse a sua casa, provavelmente você não o reconheceria. Quando refletido no vidro, você é uma nódoa num tecido sem forma. O imperador é só um morto; o mensageiro se perde; você, como a barata, envelhece na janela.

O GOSTO DA CULPA

A culpa me encanta. Sem ela não há vida moral plena. Para mim, a vida moral começa e se sustenta no mal-estar com nossos atos e com o mundo. Não acho que o centro da vida moral seja a vaga noção de "valores", como se diz por aí. Talvez meu encanto com a culpa se dê pelo fato de não tê-la experimentado muitas vezes. Os olhos vidrados de dor moral, o corpo dobrado pelo peso da consciência de ter feito mal ao outro são, para mim, a chave da filosofia moral.

Tenho inveja de quem sente ou já sentiu uma dor moral avassaladora. Seria eu um romântico? Provavelmente sim, esse é meu melhor lado. Aviso que não faço nenhuma diferença entre ética e moral. Não tenho mais muito interesse em afetações acadêmicas. Ambos os termos, na origem, remetem à ideia de hábitos e costumes e, mais tarde, à preocupação de como cultivar bons hábitos e costumes. Com o tempo, a ética virou uma espécie de disciplina que se ocupa com o ordenamento desses hábitos (a moral propriamente dita), e a filosofia moral permaneceu mais ampla, como uma reflexão, a partir das escolas filosóficas, da vida humana e seus dramas (lembremos que a palavra "drama", na Antiguidade, remete sempre à palavra "ação"). Prefiro a expressão "vida moral" porque julgo que seja menos carregada dos modismos éticos de nossa época. Aliás, suspeito muito de que, quando usamos a palavra "ética" hoje em dia, não sabemos ao certo o que queremos dizer. Na maioria das vezes, seu uso visa meramente ao marketing de comportamento: quero projetar de mim mesmo uma imagem de alguém legal, com "valores", e aí digo que sou "ético". Na filosofia antiga grega, Platão, Aristóteles, estoicos ou epicuristas sempre pensaram em termos de virtudes, e não valores. Virtude é um conceito que descreve o esforço de uma pessoa em controlar sua vontade e seus desejos em nome de alguma conduta específica: ser corajoso (combater o medo), ser generoso (combater o egoísmo), ser justo (combater a crueldade e a indiferença com o sofrimento alheio), ser metódico (combater o caos interior), ser trabalhador (combater a preguiça), ser fiel (combater a traição amorosa). Para haver virtude é necessário haver combate, sofrimento, dor. Não há virtude no vácuo da agonia. Um dos traços bregas de nossa época é supor que se pode ter vida moral sendo feliz. A hipocrisia do cristianismo de outrora hoje habita a casa da praga do politicamente correto. Quando o cristianismo entra em cena no fim da Antiguidade, com filósofos como Agostinho, não muda o centro da gravidade da reflexão moral: a culpa como afeto da luta pela virtude permanece, ainda que com o cristianismo a autonomia grega centrada na capacidade da razão em domar a vontade se reduza em favor da noção de natureza caída e do pecado hereditário. Dependemos da graça para sermos virtuosos, nossa natureza vaidosa e orgulhosa por si mesma nunca sairá do seu pântano pessoal. A ideia de que nossa natureza humana seja um tormento me parece a mais verdadeira de todas as descrições de nossa vida. Sei que muita gente julga essa visão ultrapassada, mas sinto um prazer todo especial em ser ultrapassado num mundo superficial como o nosso. Por que superficial? Porque parasitado por engenharias para a felicidade. Somos escravos da felicidade, mas é a infelicidade que nos torna humanos. Não sou dado a acessos de culpa, mas experimento cotidianamente o tormento de minha humanidade. Sou fraco, submetido ao desejo desorientado, leio e escrevo como forma de combater a solidão do mal que me habita. Minha letra me ajuda a saber o que sou: um escravo do gosto.

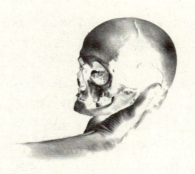

HAMLET

Posso ser acusado de estetizar a ética porque me reconheço como escravo do gosto. O que é isso? Por exemplo, o filósofo Nietzsche, muito importante em minha formação, já foi muitas vezes acusado de estetizar a ética, isto é, reduzir a escolha moral à noção de gosto (preferência puramente estética sem agonia moral acerca das consequências da escolha). Algo como uma ética *blasé* sem sofrimento quanto aos "valores morais" envolvidos no processo de decisão. Um "dane-se!" para com qualquer exigência de resistir ao gosto. Vivemos numa época brega. Essa breguice aparece na mania de ter uma vida limpa e vivida sobre o "direito de ser feliz" e sob o signo da saúde total. Por exemplo, lembro-me de a falecida princesa inglesa "Lady Diana" ou "Lady Di" dizer na TV algo semelhante a "Eu também tenho direito de ser feliz", chorando porque seu marido de então, futuro rei da Inglaterra, príncipe Charles, tinha uma amante. Vê-se bem a alma de classe média dela. A ideia de que alguém que será esposa de um rei queira ser feliz, como se fora ela uma esposa de caminhoneiro da Zona Leste (East End londrino), é brega. Ler livro de autoajuda, arrumar sofás de acordo com as energias da casa (submetendo o universo às mesquinharias diárias que toda casa esconde sob sua sala de jantar), reciclar lixo como momento ético mais alto do dia, lavar as mãos com álcool gel por medo de vírus, respeitar o parceiro no amor (aliás, quem respeita o parceiro no amor é porque não ama, "respeitar o parceiro no amor" é uma das mentiras mais chiques que circulam por aí), tudo isso é brega. Enfim, o que nos torna humanos são nossas desgraças. Por isso, uma sociedade que faz estilo de "utilitarista dos afetos", movida por uma geometria do útil, como a nossa, em que quase todo mundo carrega o rosto idiota de quem vive buscando a felicidade, se desumaniza à medida que se faz estrategista eterna do sucesso existencial. Sim, eu acredito na infelicidade como matéria de vida. Não que a procuremos, nem precisa, ela nos acha, mas creio na infelicidade como medula, espinha dorsal de nossa dignidade. A infelicidade é a lei da gravidade que reúne os elementos que compõem nossa personalidade. O fracasso é que torna o homem confiável. Imagine se Hamlet só quisesse ser feliz?

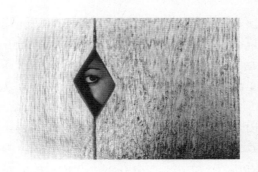

A CAÇA

O grande escritor pernambucano Nelson Rodrigues costumava falar que vivemos numa época dominada pelos idiotas. Quem são esses idiotas? Como reconhecê-los? O que eles costumam falar? Antes de tudo, eles são maioria esmagadora e, como a democracia é um regime fundamentado na maioria, são vencedores pela simples força numérica. A luta contra os idiotas é uma batalha perdida. Falam demais. Acreditam que, apenas porque têm boca, podem emitir opiniões sobre tudo. Como viraram engenheiros e médicos e professores, porque o "conhecimento" virou ferramenta de ascensão social, hoje os idiotas têm diplomas. Mais um dos danos da sociedade do "acesso" em que todo mundo tem "acesso", na qual quase não há conteúdos que valham qualquer "acesso". A maioria da humanidade sempre foi ignorante (nascia, reproduzia e babava na gravata, como dizia Nelson), mas, com o advento da sensibilidade democrática para o número e a estatística, essa maioria tomou a palavra. Toda a "ética" democrática é voltada para a banalização do conhecimento a serviço da autoestima dos idiotas. Não os ofenda porque eles venceram. Acreditam firmemente no que pensam enquanto veem novelas na TV. Deduzem argumentos sobre a vida a partir de suas experiências paroquiais. Quando se sofisticam, isto é, quando atingem um tipo de cartão de crédito mais "exclusivo" ou "esquentam" seus diplomas tirados em universidades periféricas, tornam-se mais ruidosos. E aí pensam que se tornaram indivíduos. Pensam que têm vida interior própria. Sou daquele tipo de pessoa que simpatiza fortemente com o mundo da aristocracia (não necessariamente de sangue nem de dinheiro, às vezes apenas de mérito puro e simples) simplesmente porque julgo que a minoria sempre carregou a humanidade nas costas. Isso acontece desde o recinto doméstico da sala de aula (poucos alunos valem a pena) até os grandes fatos históricos (fruto do esforço de poucos homens e mulheres). Mas ser indivíduo significa ser feliz com sua individualidade? Não, essa é a grande falácia quanto à publicidade moderna acerca da individualidade como experiência ao alcance de todos. O que eu quero dizer com a palavra "indivíduo"? Explico-me: ser indivíduo é ser órfão de qualquer referência de tradição como fundamento de seus atos e suas escolhas. É ser Hamlet. É ser Jó. É escolher contra um cenário sem referências, numa solidão cósmica absoluta. Mas a publicidade democrática que afirma que todos somos indivíduos pensa que ser indivíduo é ser um "órfão feliz" da tradição. Não existem órfãos felizes. Livre, o indivíduo marcharia em direção ao sucesso sem sofrimento nem luto. Pensar isso é já ser um idiota. Ser indivíduo é ser mais ou menos o que o Nietzsche pensou como "super-homem", alguém que é o único responsável por seus valores e suas decisões, marchando em sua solidão contra a indiferença cósmica e histórica. Segundo o que nos dizem os especialistas sobre o Renascimento, é nesse período que começa a surgir a ideia de que todos somos indivíduos. Movidos pelos avanços da ciência e pela ampliação da circulação dos livros, os burgueses, esses amantes da competência individual contra a herança aristocrática de sangue, pregam a virtude individual como experiência histórica total. De lá para cá, a moda de todo mundo ser indivíduo gerou, na realidade, grande inveja e ódio por quem de fato é indivíduo e suporta a solidão de sê-lo. Além do mais, a mídia e a arte vendem modelos de individualidade nas liquidações de material de autoajuda, infestando o mundo de idiotas ruidosos, enquanto os verdadeiros e infelizes indivíduos se escondem pelas florestas das cidades, como uma espécie caçada, em extinção.

PROMISCUIDADE

Você respeita seu parceiro na vida sexual e amorosa? Na cama e na sala de jantar? Na cozinha e no banheiro? Espero que não. Nada há de mais mentiroso do que a ideia de afetos corretos. Ter afetos corretos é um modelo barato no mercado das baratas. Não há direitos humanos nas camas e nos quartos, mas apenas seres dominados por atavismos animais e psíquicos. O desejo corrói a alma. Quem diz que amar é querer "o bem de quem ama" é porque nunca amou. Amar é querer o outro para si ou querer que o outro deixe de existir. Isso é "querer comer" o outro. Respeitar a mulher, nesse caso, é entregá-la na mão de outro homem. Porque ela quer é ser desrespeitada, esse é o sentido de dizer, como dizia o Nelson Rodrigues, que "toda mulher (as normais) gosta de apanhar". A intimidade só existe quando há invasão do outro. Acho muito engraçado quando os arautos da chamada "ética da alteridade" (o respeito ao "outro" como pilar das relações humanas) querem contaminar a promiscuidade da vida sexual e amorosa com esse papo de respeito ao outro. Quando você respeita o outro é porque já ficou indiferente a ele. Quando amamos e desejamos, violamos. E ele pede mais. O mundo melhor com o qual os idiotas sonham é um mundo sem amor e sem desejo. Só desejo uma mulher que seja dependente de mim. E quero que ela seja viciada e dependente de mim até a morte. Sonho com uma espécie de ética da promiscuidade dos afetos. Uma mulher pálida de desejo é mais sensual do que uma mulher nua. Sim, sei que pareço medieval, graças a Deus.

PUREZA

Muitas vezes me perguntam por que desconfio tanto do discurso da saúde total em que vivemos. A preocupação com a alimentação, a pureza do ar, a higiene dos afetos, as artérias, enfim, nada disso me engana. Eu sei que, no fundo, você, ser orgânico, é um egoísta e narcisista que conseguiu finalmente ter um discurso "filosófico e científico" a seu favor. Seu egoísmo grotesco virou ciência. Quando vou a festas (cada vez menos porque, confesso, as suporto cada vez menos; sonho com o dia em que não irei a mais nenhuma, salvo raras exceções que me emocionam por razões muito específicas) e vejo jarros de água orgânica e sobremesas com frutas orgânicas da estação e prato principal com rúculas orgânicas e servidas à francesa, sei que estou entre hipócritas. Em seu maravilhoso livro *Frankenstein*, Mary Shelley não imaginou, quando sonhou com sua horrorosa criatura (representando o futuro de um mundo produzido pela técnica e pela ciência), que ela fosse ser maníaca por saúde e alimentação. Mas poucos anos depois (*Frankenstein* é de 1818), em 1831, Alexis de Tocqueville, aristocrata e intelectual francês, ao visitar a nascente democracia americana (viagem essa imortalizada em seu livro *A democracia na América*), percebeu a vocação irresistível da democracia (um regime pautado pelo gosto medíocre do homem comum) para o controle de todo hábito inútil. Por isso ele profetizou que a democracia, na sua paixão mesquinha pelo sucesso dos homens comuns, proibiria o tabaco e o álcool. Proibiremos tudo que algum idiota científico considerar inútil para o sucesso físico. Algo se perde nessa dança miserável. O que se perde é o fato de que a vida é desperdício de si mesma. Sua grandeza está em perdê-la, como já dizia a sabedoria do Evangelho, e isso não mudou. A tentativa de contê-la nos limites da "ciência da nutrição" (se é que existe, porque, na realidade, trata-se apenas de mais uma moda) não passa de um modo hipócrita de negar o princípio da vida – que é se multiplicar, se esvaindo, se perdendo, como que sangrando para gerar. O que alimenta a busca da saúde total é a velha e feia ganância como qualidade de caráter. Quando me encontro em jantares inteligentes em que tudo é orgânico e equilibrado, me sinto entre vampiros que sugam o mundo, em vez de se oferecer a ele como alimento permanente da vida.

NUDEZ

Todo mundo tem seu preço. Essa é uma máxima conhecida há muito tempo. Creio nela profundamente. Apesar de muita gente tentar negá-la, vendendo uma imagem à prova de qualquer preço de si mesmo. O cotidiano é um massacre. Claro que, se você é rico, pode posar de superior, mas isso é raridade que não vale porque sustentada na sorte incomum. Ninguém é digno para além da miséria que o assola. Todavia, sem hipocrisia não há civilização, e isso é a prova de que somos desgraçados: precisamos da falta de caráter como cimento da vida coletiva. Muitas vezes sinto, como que de forma material, a presença da hipocrisia ligando as pessoas do mundo quando se afirmam éticas. Por isso o desfile de falsas virtudes em toda parte: o ser entregue à sua pureza seria obsceno. O véu que esconde a nudez moral horrível é como a hipocrisia que nos torna falsamente belos. Mas o pior é quando o pensamento se torna escravo dessa hipocrisia. Por isso o filósofo deve sempre desdenhar a sobrevivência e o bom convívio e ser contra um mundo saudável. A suposição de que as pessoas se amam em família ou que filhos e pais necessariamente se amam é tão falsa quanto a ideia de que as pessoas não têm preço – e, às vezes, esse preço é bem menor do que imaginamos. O amor familiar pode ser apenas resultado de falta de opção. O problema é que a vida sem família, na maioria esmagadora dos casos, é puro abandono. Precisamos nos sentir parte de algo (pelo menos a maioria de nós) e, para isso, pagamos o preço de não ser livres e de fingir que amamos uns aos outros.

CARÁTER

O filósofo romeno Emil Cioran em seus *Cahiers* (*Cadernos pessoais*) diz que sempre quis ser um desses ascetas que rompem com o mundo e vão morar em cavernas, como os primeiros monges cristãos que abandonavam o mundo e iam para o deserto. Mas o medo do frio sempre o impediu. Como ele, eu sempre penso que o fundamento de todo ato verdadeiramente moral, que resiste à miséria de ter um preço, é algo de ordem fisiológica e visceral. Uma fobia, um pânico, uma doença, uma vergonha, um trauma, uma violência contra a alma e o corpo, nunca um ato ético consciente ou um princípio. Um vício, nunca uma virtude. Kant era um ingênuo. O cético escocês Hume estava certo: a razão é vítima das paixões. O que faz um homem "digno" aos olhos de seu grupo não é uma qualidade de caráter (talvez apenas em situações muito raras, que beiram o milagre), mas uma fraqueza de caráter que resiste a qualquer ardil, que se impõe, assim como uma morte. Uma mania, uma obsessão, uma substância química que reduz a alma a átomos e que restringe a variedade de comportamentos possíveis. No máximo, hábitos que acomodam afetos e comportamentos a circunstâncias específicas que escapam ao método científico de investigação. Por exemplo, uma pessoa muito disposta pode tornar-se gananciosa mais facilmente do que uma pessoa preguiçosa, porque a preguiça ajuda você a ficar cético com relação aos prazeres do mundo. Não há nada de virtude aqui, apenas um sutil equilíbrio de vícios. Não confio em pessoas éticas. Quando encontro uma delas na rua, atravesso para o outro lado.

JANTARES INTELIGENTES

Existe um pacote de mentiras básicas se você quiser ser considerada uma pessoa chique num jantar inteligente. Muitos me perguntam o que seria um jantar inteligente. Vou explicar: um jantar inteligente é um jantar em que tudo nele envolvido é ético. Os copos, os pratos, o menu, o vinho, a sala de jantar (claro que também as pessoas são superéticas), a toalha de mesa, o lavabo. A consciência ética e crítica dos objetos envolvidos num jantar inteligente deixaria Kant ainda mais tímido do que era. Mas, sobretudo, tenha em mente o seguinte: tudo é farsa na pretensa vida superbem-resolvida dessa gente superlegal envolvida em jantares inteligentes. O importante, nesse caso, é dominar a ciência do marketing de comportamento. O que é marketing de comportamento? Sinto muito, não estou com vontade de explicar isso agora. Só porque comprou meu livro, acha que sou obrigado a explicar tudo que você não sabe? Sinto muito, não sou uma pessoa ética. E como disse antes neste livro, aceito a preguiça como um alento moral em meio ao massacre cotidiano. Quem sabe em outro ensaio deste livro explique o que é marketing de comportamento (prometo que sim, mas essa promessa não vale nada), se não, você fica com a missão de descobrir o que é. Experimente perguntar o que é marketing de comportamento num jantar inteligente. Aliás, certa feita, num jantar inteligente – daqueles que no jarro de água há rodelas de laranjas espanholas – alguém me disse, indignado: "Por que as pessoas não se preocupam em fazer um marketing do bem hoje em dia?". Decidi dedicar minha vida profissional a criticar o tipo de pessoa que bebe água de jarros assim e faz perguntas como essas. Dedico este ensaio a elas. Eis um exemplo claro de marketing de comportamento: a grande ética de nosso tempo, uma retórica de gestos e verdades politicamente corretas que você deve ter para se sentir uma pessoa legal. Por exemplo: jamais ter ciúmes, gozar toda vez que transa, ter absoluto controle do que come, entender plenamente seus filhos, que, por sua vez, são equilibrados até nos vícios adolescentes, enfim, vender de si mesmo a imagem de que resolveu os dramas básicos que tornam as pessoas risíveis. Antes de tudo, devo esclarecer que um jantar inteligente pode ser também um almoço inteligente (não tenho preconceitos contra almoços, do contrário, nunca iria a um jantar inteligente porque pessoas que frequentam jantares inteligentes não têm preconceito nenhum). Mas, se for almoço, para ser inteligente, ele deve acontecer num domingo de sol, num jardim no fundo da casa. É melhor se os casais superbem-resolvidos estiverem acompanhados de suas crianças superbem-resolvidas – o que num jantar inteligente não aconteceria, porque as crianças dos casais superbem-resolvidos estariam sonhando sonhos inteligentes ao lado de suas babás superlegais (que provavelmente sonham em ser pedagogas para poder torturar crianças reais em nome da "nova criança"). Outro diferencial é o ambiente, evidentemente mais casual, solto, cabendo mesmo camiseta Hering branca e calça jeans parecendo velha. Quem sabe um bebê vira-lata correndo pelo jardim para provar que o casal dono da casa ama o povo. Também não pode faltar o casal gay superbem-resolvido. Mas isso também não pode faltar num jantar inteligente: muita salada, sucos de frutas que só têm no Nordeste ou na Sicília, preferivelmente nada de carne vermelha (muito pouco inteligente para essa gente bem-resolvida), quem sabe um menu de peixe étnico tipo peruano. O fundamental mesmo é que seja um menu da moda e que o *chef* seja alguém que, além de cozinhar, seja fotógrafo. Pessoas bem-resolvidas são as maiores escravas da moda, apesar de dizerem que não são. É que nelas a moda atinge a alma profunda e não apenas a pele superficial e brega da classe média que frequenta praças de alimentação de shopping center aos sábados. Aliás, pessoas que frequentam jantares inteligentes detestam shopping center, preferem comprar as mesmas marcas das lojas do shopping center em pequenas lojas chiques na Vila Madalena. A moda, no caso dos frequentadores dos jantares inteligentes, contamina o pensamento e a cognição, não apenas os hábitos de consumo. Contamina também o modo de julgar todo mundo que se diferencia deles como ridículos. A dureza de coração e a indiferença para com o verdadeiro sofrimento travestidas de opinião bem-resolvida sobre tudo é outra marca dessa gente superbem-resolvida. A religião inteligente nesse caso, é claro, é o budismo versão ocidental: bem egoísta, bem narcisista, uma estética de comportamento, não uma religião, porque religiões de fato falam de defeitos e carências dos seres humanos, e budistas assim não têm defeitos ou carências. O objetivo dessa estética de comportamento é fazer inveja a Deus. Voltando à criança superbem-resolvida. Uma criança superbem-resolvida é aquela que pode ser deixada sozinha na beira de um barco em movimento porque ela jamais pulará para fora, porque seu bem-resolvido instinto de sobrevivência (que jamais maltrataria um gato) não a deixaria pular para a morte. Claro que não são crianças bobas viciadas em jogos bobos de computador, mas sim que escolhem conscientemente jogos de computador que discutam a caça à baleia no Japão. Outra característica marcante dessas crianças bem-resolvidas é que adoram visitar o Louvre e pequenas construções antigas em vilas italianas, e depois comentar sobre elas com seus amigos também superbem-resolvidos em escolas com aulas de arte-educação. Se fosse verdade, porque não é, seria uma criança mais chata do que normalmente as crianças são em suas atividades obsessivas. Claro que Coca-Cola jamais, muito menos McDonald's. Mas e o pacote de mentiras? Esse pacote faz parte da estética de comportamento. Claro que você deve ser sustentável em tudo, reciclar lixo, se indignar com toda forma de injustiça social descrita pelo jornal, mas desprezar todas as formas de tolerância no cotidiano, por exemplo, com pessoas mais pobres, menos cultas, menos profissionalmente capazes e, principalmente, menos bonitas e bem-vestidas. São preocupadíssimos com a África e com os ursinhos pandas. Mas não demais, para não ficar histérico. Em jantares inteligentes, o essencial é não ter afetos. Aliás, ter afetos como ciúmes é mortal. A indiferença completa em relação a qualquer sinal de dependência para com afetos é chave para ser aceito em jantares inteligentes. No fundo, são miseráveis de amor como todos nós, mas fingem que descobriram o modo saudável de amar (ou seria modo sustentável de amar?), coisa que simplesmente não existe. Amor é paixão, paixão é doença. Profissionalmente, ela deve ser psicanalista, jornalista, no máximo, médica sanitarista. Ele, jamais um engenheiro, senão fica com cara de marido que logo será traído pelo namorado da melhor amiga dela. Ele deve ser intelectual (mas não muito), fotógrafo, artista plástico, talvez produtor cultural. Quando viajam, sempre o fazem para locais com a marca do raro, do incomum. Têm o dom, e este vale muito no mercado do marketing de comportamento, de fazer parecer que tudo que fazem é raro, especial e diferenciado, quando na realidade vivem cercados pelo mesmo halo de mesmice que todo mundo tem ao seu redor para fazer a vida reconhecível ao acordar pela manhã. Normalmente frequentam os mesmos restaurantes, as mesmas lojas e têm os mesmo pânicos. O grande poder que eles têm é, antes de tudo, fazer seu estilo de vida desejável aos outros para assim se sentirem como alguma forma de elite, coisa que jamais reconheceriam publicamente. A vida sexual sempre bem-resolvida. Na realidade, ela não gosta muito de sexo oral porque teme tudo que a ciência mais moderna fala sobre câncer de boca, mas, de vez em quando, faz sexo oral, não necessariamente no seu marido. Para gostar de sexo oral, deve-se estar um tanto inseguro, afinal, é sempre um risco. No jantar, falam muito de sexo e de como avançamos nesse assunto desde os anos 1960, porque agora as mulheres são donas de seu corpo. Mas pouco falam de como são solitárias e chatas essas emancipadas de seu próprio corpo. Aborto é ponto pacífico: sobretudo para garantir sua integridade existencial. No dia a dia, tomam ansiolíticos como todos nós, os miseráveis, têm insônia e temem ter feito escolhas erradas na vida. O cotidiano se arrasta na mesma gosma de insegurança e rotina como forma de evitar o medo. No fundo leem pouco, assistem à novela (mas escondem isso indo a festivais de cinema que passam filmes chatos) e fazem contas escondidos todo mês. Julgam-se herdeiros da fúria jovem dos anos 1960, mas eles são, na realidade, a nova casta hipócrita do mundo. Não foi só a comercialização da calça *jeans* rasgada que significou a derrota última do impulso antissistema da década de 1960, mas principalmente a capacidade de tornar os signos daquela época temas para uma mera estética de comportamento e para a velha hipocrisia de salão. Enfim, normalmente tenho sono em jantares inteligentes.

ELA

A perna semiaberta, a saia um tanto curta. Casada, linda e independente, num restaurante chique, tem resposta para tudo, conversa sobre cinema, hábitos contemporâneos, muitos amigos à mesa. A boca seca esconde a alma úmida, pedindo a presença de alguém entre suas pernas. Sonhando em ser feita apenas objeto, como se numa caverna estivesse, coberta de pelos, e a alma no cio. Sonha com alguém que não a respeite, não pergunte o que ela quer, não lhe obedeça, não tenha medo dela, diga "não", faça com que ela sinta sua carência explodir, sua fraqueza lhe definir. Eu a vi, sentada, tentando esconder o suor entre as pernas.

NUANCE

Sabe aquele tipo de pessoa que lhe fala algo sobre um filme ou um livro completamente estranho ao que você e a maioria falam, e, pior, você tem a clara sensação de que ela não está falando do mesmo filme ou mesmo livro? E demonstra, pela fala, que não entendeu que Hamlet queria se vingar do seu tio que matou seu pai e roubou sua mãe? Ou insiste em afirmar que Julieta só amava Romeu porque não tinha opção, na época, de ser lésbica e amar sua prima? Normalmente ela é ruidosa, agressiva e cospe quando fala. E não tem a mínima ideia dos absurdos que fala. Sua sorte é que a maioria de nós é insegura sobre o que sabe e educada o bastante para não ofender as pessoas socialmente só porque elas são burras. Você deveria levar a sério a afirmação de que existem pessoas burras no mundo. Eu sei que hoje é imperativo ético (mas, como não sou ético, graças a Deus, não respeito esses imperativos) dizer que todo mundo é igual ou diferente na sua maravilhosa forma peculiar de ser. Aquilo que qualquer pessoa de coração diria a alguém em agonia e sem solução (como "você não é burro", quando a pessoa deu clara indicação de que não entende o básico) se transformou numa ética universal. Daí a obrigatoriedade de dizermos que todos são igualmente inteligentes, ainda que de forma diferenciada nas suas "competências". Mas existem sim os burros. Você não ficou em choque naquele dia naquele jantar conversando com aquela mulher que falava alto sobre coisas que não entendia? Quando ricos, são piores, porque misturam a ignorância e a incapacidade de entender informações básicas com muitas viagens a lugares inteligentes e a boçalidade normal de quem dispõe do mundo aos seus pés. E, assim, tendem a pôr em dúvida Platão, por exemplo, porque não o entendem. O fato é que a burrice tem vantagens. Sendo uma forma de cegueira, ela nos protege da agonia que é sermos animais cujo habitat natural é viver sempre na beira do abismo. Impressiona-me como essas pessoas ruidosas e que entendem pouco das coisas que ouvem são frequentemente a favor do progresso científico e da técnica. Não costumam perceber a sutileza que percebia Mary Shelley (autora de *Frankenstein*) acerca dos riscos da *hybris* científica e, normalmente, pensam que o mundo está dividido em duas partes, aqueles que são a favor do progresso e os que são contra, quando na realidade, suspeito, assim como o historiador francês Renan, que viveu no século XIX e foi famoso por buscar a figura do Cristo histórico, de que a verdade é sempre uma nuance entre mil erros.

O ABISMO

Sou um trágico e vou explicar o que é isso. Mas, antes, um reparo: salta aos olhos o fato de que me movimento em níveis diversos no modo como pratico filosofia. Às vezes, pareço me ater a coisas prosaicas como as pernas das mulheres (imagem comum em minha escrita porque considero as pernas das mulheres um dos centros de sentido do mundo, que o move e o atrai); às vezes pareço me ater a questões de fundo, isto é, mais filosóficas.

Isso se dá porque a filosofia, para mim, se move em pelo menos dois níveis: um, mais material, empírico, que vê na aparente banalidade do mundo motivos para espanto; outro, mais espiritual, que percebe mistérios por trás da cortina de banalidade que cobre nossos olhos. Aceito os dois como partes inseparáveis do meu trabalho filosófico. O abismo, por exemplo, pode ser encontrado tanto entre as pernas de uma mulher que desejamos terrivelmente (e que muitas vezes pode nos levar à destruição), como pode ser figura do habitat físico e espiritual onde vivemos. Nesse segundo caso, seria quase como a descrição do habitat que impeliu nossa evolução ao longo dos milênios a fio, como um chicote contínuo cujo intervalo entre a ida e a volta marca o repouso das costas que sofrem. Sinto-me como um animal do abismo, e é esse animal que vos fala.

Alguns autores são qualificados como trágicos na filosofia e na literatura, além dos próprios poetas gregos da época trágica, como Sófocles ou Ésquilo, entre outros. Vejamos alguns exemplos de pensadores trágicos mais conhecidos: na Antiguidade, o poeta e filósofo francês Blaise Pascal e o poeta espanhol Baltasar Gracián; no século XIX, os filósofos alemães Schopenhauer e Nietzsche e o poeta também alemão Hölderlin; e no século XX, o filósofo romeno Emil Cioran. Além, é claro, do próprio criador da psicanálise Sigmund Freud, também no século XX, e sua visão pessimista da natureza humana.

Considero-me um descendente dessa tradição, essa é uma das minhas tribos. É daí que nasce o núcleo teórico e existencial do que escrevo e penso. Por ora, contemplemos o abismo. Tenho-o diante de meus olhos cada dia que acordo pela manhã e neste exato momento em que vos falo.

Uma das formas mais comuns de se entender a raiz da palavra "tragédia" é a palavra *tragos*, do grego arcaico, que significa o animal bode, sacrificado para o deus Dionísio, o deus do vinho, da loucura, do *páthos* (paixão) em oposição a Apolo, deus da razão, da forma (essa oposição é típica da leitura que faz Nietzsche).

Desse culto ao deus Dionísio, como afirmam vários historiadores do teatro grego, nasceria a Tragédia como estilo estético: a estética trágica nasce da religião trágica (há controvérsias históricas nessa questão, mas elas não me interessam aqui). E o que vem a ser uma religião trágica?

Religião trágica é aquela em que não há regime moral válido, na qual o mundo não faz sentido. Mas permitam-me fazer aqui uma digressão, para depois voltarmos ao que significa ter uma visão de mundo trágica (ou ser religiosamente trágico). Temos que deixar claro o que é uma religião e sua relação com a busca última do sentido das coisas no mundo e em nossa vida em meio a essas coisas, para depois entendermos por que a tragédia grega é tão importante em nossas raízes culturais e por que ela continua impactando a filosofia, a literatura, a arte e a sensibilidade humana, mesmo tendo se passado 3 mil anos ou mais desde a sua origem longínqua e misteriosa.

Religiões (não vou entrar aqui em debates intermináveis sobre a palavra "religião" e suas origens e controvérsias acadêmicas) são sistemas de sentido. Segundo muitos especialistas, como o antropólogo Clifford Geertz, ou o historiador Mircea Eliade, ou o sociólogo Max Weber, os três do século XX (todos concordam mais ou menos nesse ponto), religiões são sistemas de sentido que associam crenças em narrativas cósmicas (quem criou o que e como) a práticas concretas e cotidianas (ritos, rituais, liturgias, danças, celebrações com comidas santas, jejuns, peregrinações a locais santos etc.), com força normativa e moral (isto é, que dizem o que é certo e o que é errado e as consequências de agirmos certo ou errado segundo a vontade desses seres divinos).

Por exemplo, se jejuar, você se purificará e se preparará para entrar em contato com a divindade criadora do universo ou, pelo menos, responsável por algo deste universo que é de seu interesse (seja a vida eterna, um amor, a cura de uma doença, um emprego, uma vingança justa, emagrecer 20 quilos), e assim você atingirá a condição esperada para merecer X ou se transformar, pelo menos temporariamente, em merecedor de Y. Ou, se matar fora do campo de normas em que a divindade permite que matemos, você poderá ter que nascer de novo num lugar pior do que onde vive agora para aprender a não matar mais sem "permissão" das divindades ou forças cósmicas que regem tudo, quer sejam deuses, quer sejam *karmas*.

Esse processo descreve um comportamento desejado carregado de sentido moral, isto é, "estou quite ou não com a força X que domina tal campo da existência humana, logo posso ou não posso Y".

Assim sendo, existe sempre uma questão moral ou normativa em jogo: evolução do espírito para atingir X, educação da alma e do grupo humano para entender Y, passos necessários (abstratos, como purificação da alma, ou concretos, como se pintar para ganhar uma batalha) para se realizar Z. Variáveis organizadas de modo a produzir o regime moral do mundo em que vivemos e desejamos viver. A divindade envolvida, de alguma forma, representa a causa máxima desse regime moral a ser realizado no mundo concreto e não apenas abstrato. Esse mundo pode ser apenas material ou também espiritual no sentido de além da matéria. O importante é que, sabendo a regra (divina, cósmica) e realizando-a bem, você chega aonde deseja.

Em grandes sistemas religiosos como o abraâmico (judaísmo, cristianismo e islamismo), Deus é criador e fonte de todo regime moral buscado. Devemos agir do modo que Ele deseja para que o mundo faça sentido (logo esclarecerei melhor o que é "o mundo fazer sentido", tenha um pouco de paciência; sem ela não há filosofia, diria Hegel). Em outros sistemas, talvez sem deuses pessoais únicos, você deva também aprender a agir e sentir de tal forma para conseguir ficar bem no final, e assim o mundo (o material, o espiritual e você neles) também fará sentido.

Mas o que é o mundo "fazer sentido"? O filósofo alemão Kant (século XVIII) nos ajuda a entender isso.

Para Kant, a razão humana suficiente norteia nossa ação no mundo quando se indaga acerca do sentido moral do mundo. O que significa esse "suficiente" aqui (ou seu oposto, "insuficiente")? Ser suficiente significa que o bem vence ao final porque, se o mal vencer, o mundo não tem sentido suficiente em sua forma de ser e existir. Afinal, a pergunta é: o mundo é, em sua essência, bom ou mau?

Vale lembrar, antes de tudo, que para Kant o mundo deve ser suficiente nos limites da razão humana, isto é, sem precisarmos justificar o mundo via crenças em deuses; portanto, *a priori*, nesse sentido kantiano, só há suficiência se ela for independente de Deus. Sendo Deus bom no cristianismo, Ele não faria um mundo que ferisse a razão humana que Ele mesmo criou, e através da qual construímos nossa vida. Para Kant, portanto, se a essência do mundo for boa, ele faz sentido nos limites da razão humana. Por isso ele criará seu "imperativo moral categórico", isto é, "aja de modo que sua conduta possa ser tomada por lei universal de comportamento". Claro que, para um cético como eu (e Kant escreveu grande parte de sua filosofia tentando responder ao ceticismo na figura de seu contemporâneo David Hume), essa ideia de Kant parece ingênua. A modernidade apostará nela pela simples razão de que a busca de parâmetros racionais partilhados para nosso comportamento, independentemente de fé religiosa específica, é a forma ocidental de crer na vida moral – Kant era um iluminista alemão. Os fundamentalistas islâmicos, por exemplo, não concordam com isso. Resumindo, para Kant, se o mundo fosse "moralmente irracional", os céticos e seus parentes próximos, os trágicos, teriam a razão. E para ele, e para quase todos nós, isso é insuportável.

Mas vamos a exemplos, porque esse assunto não é tão simples assim.

Se matar uma criança inocente, você será castigado de alguma forma, mesmo que a lei humana não descubra? Se você for castigado, obrigado a "pagar" pelo que fez, o mundo tem sentido moral (suficiente); se não, ele não tem sentido moral (insuficiente). Se, ao roubar e se dar bem ao final, seu ato não for cobrado de você em alguma instância (Deus, reencarnação etc.), o mundo não tem sentido moral. Se os honestos (que respondem à angústia moral que demanda justiça na sociedade) no mundo, ao final da vida, forem recompensados, e os desonestos ficarem infelizes, o mundo faz sentido, mesmo que sem instâncias divinas em jogo. Uma das palavras comuns para descrever esse sentimento de falta de sentido moral do mundo (insuficiência moral do mundo) é niilismo. Grande parte do melhor do cinema do diretor americano Woody Allen (*Crimes e pecados, Match Point, O sonho de Cassandra*) gira em torno desta indagação: o universo é moral ou indiferente ao drama humano da consciência ética? Woody Allen normalmente transita pela resposta trágica a essa questão. Segundo Kant, a razão humana entra em agonia diante da possibilidade de que o mundo não seja moralmente suficiente. Só que para o filósofo a saída é o comportamento racional, e não a busca na fé religiosa, ainda que o cristianismo para ele funcione como uma excelente ideia reguladora, isto é, ajuda acreditar que Deus é bom, e no final os justos herdarão a Terra, porque, se Deus for mau, para que ser justo?

As religiões normalmente respondem a essa agonia apontando para esferas que transcendem o mundo humano e natural, nas quais essa suficiência se constituirá para além da dureza evidente do mundo real. Por isso as religiões, quase 100% delas, aliviariam a agonia da razão diante de um mundo em pedaços, logo, insuficiente. Para mim, o melhor das grandes tradições religiosas (e aqui tenho parceiros como o grande teólogo suíço reformado do século XX, Karl Barth) não é o fato de elas fazerem a vida mais fácil; ao contrário, é o fato de elas ampliarem e aprofundarem o drama humano para além das soluções facilmente científicas, políticas e sociais, típicas da ingenuidade mau-caráter de muitos modernos. É claro que muitos dos meus contemporâneos apostam numa suficiência histórica do mundo, isto é, social, política e científica (o que seria uma suficiência construída com "as mãos humanas", ou, como eu disse anteriormente citando Kant, uma suficiência nos "limites da razão humana"). Os ateus ou não, mas crentes na capacidade humana de reformar o mundo pelas "mãos humanas" como nas utopias políticas descendentes de Rousseau ou Marx, são muito comuns em nossa época. Acho que quem crê nessas ideias são iludidos, mas hoje eles são maioria na vida inteligente oficial. Acredito na capacidade humana de organizar sua vida, mas essa capacidade por si só não diminui o inferno em que vivemos, apenas o muda de lugar. Como cético, "acredito" no hábito (que não deixa de ser um tanto racional, mas de forma atenuada), mas não na razão kantiana.

Essa discussão acerca da autonomia moral da razão humana, esse é o termo técnico, toca o problema da natureza humana (ou seja lá qual termo você use para descrever como "funciona" o ser humano). Os defensores da possibilidade de o homem ser suficiente nos limites de si mesmo (social e politicamente, científica e historicamente) em geral são obrigados a investir numa concepção de natureza humana capaz de se autorregular em alguma medida, como pensava Kant. Para eles, se o mundo não é suficiente porque não há um Deus bom que justifica o justo no mundo (pois o conhecimento válido é apenas "científico", e as religiões todas são falsas), o ser humano é, em si, suficiente. Os descendentes de Kant, Rousseau e Marx abrem mão da suficiência do mundo (religiosa e cósmica), mas colocam no lugar a crença na suficiência humana. Um trágico, como eu, não crê em nenhuma das duas. Mas um trágico cético, como eu, tende a dar valor às crenças religiosas como hábitos válidos em alguma medida. Mas um cético trágico, como eu, tende a partilhar certa sensibilidade pelo mistério que as religiões têm. Antes de tudo porque são antigas e prefiro sempre crenças antigas.

O próprio cristão Kant foi, em alguma medida, responsável pela ilusão da suficiência do progresso humano, na medida em que buscou fundar uma suficiência do mundo na razão como fundamento da moral (como eu disse anteriormente, para Kant e seus descendentes, já que não podemos ter certeza de que Deus exista ou do que Ele queira mesmo com o mundo e conosco, podemos "apostar" em nossa razão). Nesse caso, não haveria abismo de sentido, apenas possibilidades humanas de mais ou menos progresso. A resposta para a falta de sentido do mundo seria: vamos progredir porque o progresso é o sentido.

Claro que existe algum progresso, o problema para mim está em supor que seja o progresso o sentido do mundo e da vida. E por que acho isso? Porque o progresso pode criar monstros técnicos e morais, como criou no século XX os regimes fascistas, comunistas e a vida "administrada" pela lógica do interesse e do egoísmo. Todos esses fenômenos são fruto do progresso, e convivem e dependem dos avanços científicos. A ciência é ambígua em termos morais. Mas a obsessão pela ciência nunca é ambígua nesse sentido: se quero criar uma vida "científica", já sou um monstro moral. A busca da perfeição pode ser uma das formas do abismo humano. Lembremos mitos como o de Babel ou Prometeu.

Voltando à tragédia. A tragédia antiga como sensibilidade religiosa não responde à agonia da razão de modo satisfatório porque nega a suficiência moral última do mundo, negando, assim, qualquer regime moral para a vida humana. Por isso tragédia é agonia (*agon*, em grego arcaico, é conflito). Quando digo que sou trágico, quero dizer que não acho que o mundo tenha suficiência moral última, digo que o mundo está à deriva, indo para lugar nenhum, não necessariamente que "adoro Zeus" como os gregos antigos, mas sim que partilho da sensibilidade religiosa deles.

Como esse tipo de sensibilidade aparecia na religião grega antiga?

Numa versão simples, Zeus não "nos criou" com intenção moral, como seria o caso, por exemplo, do Deus de Abraão. Nossa finalidade (*télos*, em grego arcaico) não é "evoluir" em nossa experiência de seres morais livres que devem aprender a escolher o bem em lugar do mal (livremente e sem coerção externa). Não, no regime religioso grego, somos objetos de desejo das deusas e dos deuses sem fins pedagógicos ou morais. Eles nos amam apaixonadamente ou nos detestam, têm filhos conosco, nos traem, nos perseguem, escolhem alguns para ser corajosos e outros para ser covardes, nos destroem sem pena, enfim, sem nenhum regime moral que faça da vida humana uma "máquina de sentido".

Entretanto, há sem dúvida uma dimensão de gratidão por parte dos humanos por sua existência, mesmo que efêmera e sem sucesso final além da morte em meio à indiferença dos elementos naturais e divinos. O homem grego pressente aquilo que, na literatura cristã antiga, será descrito como graça: o fundamento de tudo é a livre vontade divina (ainda que, no caso do cristianismo, a graça encerre um sentido moral em relação ao orgulho presente no pecado; e, no caso grego, a "graça" não tenha senso moral nenhum, mas seja apenas contingência). Tudo é contingência, fruto da vontade livre dos deuses que tomam a qualquer momento tudo que temos e que nos foi dado por eles. Além do sentimento de gratidão, o temor acompanha esse atormentado habitante do mundo trágico (temor este também essencial na sensibilidade religiosa hebraica bíblica): o universo nos devora de forma cega com a anuência dos deuses. Mas esses mesmos deuses não são a última dimensão desse ritual de sacrifício cósmico que era a visão religiosa grega de mundo.

Nosso destino e o destino dos deuses e das deusas são predeterminados, não há liberdade real. As moiras, aquelas senhoras quase cegas, tecem o tecido do destino, do qual jamais ninguém escapa. Muitas vezes, pensando estar fugindo do destino (*Édipo rei*), estamos sempre indo em direção a ele. A *hybris* (desmedida) é a marca humana que realiza o destino na sua forma mais dramática, o passo em falso que fará da vítima humana (cuja origem é o desejo sem fundamento moral de um deus cheio de libido – Zeus) um bode a ser sacrificado sem nenhuma razão moral maior, a não ser um destino tecido pelas moiras. Como diria o filósofo alemão Horkheimer no século XX: somos uma raça de exilados abandonados à própria má sorte, ninguém "cuida" de nós.

Quando esse tipo de intuição vira filosofia, assume matizes variados, mas o traço comum é sempre um ar pessimista. Não se trata de deuses ou moiras, mas sim de uma visão do mundo e da vida marcada por alguns traços que definem a falta de sentido moral último do mundo (ou seja, afirmam a insuficiência do mundo no sentido kantiano).

Por exemplo, o acaso. Para Lucrécio, a realidade última das coisas é o acaso, a "natureza das coisas" (nome de seu poema filosófico) é não ter natureza alguma. Não há uma ordem (uma natureza) que produziria algum sentido esperado no mundo e na vida. Nada está indo para lugar algum. O acaso desarticula qualquer esperança no sentido das coisas. Por exemplo, uma escolha errada pode arruinar sua vida, mas a escolha oposta também, sem garantias. Não checar e-mails no celular numa determinada hora (uma oferta de trabalho que salvaria sua vida) pode ser uma péssima escolha; ou, ao contrário, a obsessão em sempre checar e-mails no celular pode destruir sua sanidade mental. Ter ou não filhos, se dedicar a eles ou não, trair ou não sua esposa ou seu marido, mentir, roubar, pouco importa porque "quem" arruma os dados do jogo é cego e não "é" propriamente ninguém, mas apenas o acaso.

Se aprofundarmos essa concepção de acaso, encontraremos no mundo grego o atomismo de gente como Epicuro, Demócrito e Leucipo. Segundo esses filósofos, tudo que existe é fruto da combinação cega e contingente dos átomos formando os corpos, inclusive o "vento", que é nossa alma ou espírito (aqui como sinônimos). Essa mesma visão do acaso aparece na cosmologia darwinista profunda: um universo cego e mecânico. Uma dança de sonâmbulos que se devoram uns aos outros.

Claro que aqui não há destino tecido pelas moiras, logo há sim liberdade. Mas, então, por que seria trágico? Porque se trata de uma liberdade que anula o valor dela mesma, como a anunciada por Sartre e pelos existencialistas contemporâneos de que estamos condenados a ser livres. A liberdade é uma maldição, não um ganho moral, existencial ou político. A liberdade é trágica na medida em que é pura contingência que desarticula o valor da própria liberdade moral (ou seja, a liberdade de escolha). O medo de sermos escravos de um destino cego reaparece na face de uma contingência absoluta: liberdade (ou contingência) aqui é nome da cegueira cósmica, da indiferença do ser para conosco, da solidão sem fim que nos envolve, das pedras mudas como nossa origem e nossa herança.

Sempre que esse tipo de acaso aparece na filosofia, esse tipo de liberdade dos desgraçados nos acomete, destruindo a esperança em algum sentido que ponha fim ao deslize eterno de tudo em direção ao caos contínuo. Como diria Hölderlin: um contínuo retorno ao universo cego. O mundo nesse cenário em que reina o acaso, como diria Kant, não é suficiente, e a razão entra em agonia.

Em Nietzsche também reina o acaso como pano de fundo, mas não é isso que o preocupa tanto, mas sim o medo e o ressentimento que temos diante desse acaso. Não sofremos apenas com o acaso em si, mas também com a relação afetiva que temos com ele: temos medo da violência cega que ele implica ao anular todo o valor de nossa agonia em busca de um mundo suficiente. Esse medo e essa busca nos fazem adoecer (o que Nietzsche chama de "adoecimento do Eros") e perder a chance que é dançar (metáfora forte no esquema nietzschiano e que implica sempre a noção de saúde espiritual) em meio a esse infinito processo de criação e descriação dos elementos. A cura trágica (dançar em meio à falta de sentido da vida) nos salvaria desse adoecimento do Eros de que fala Nietzsche, devolvendo-nos a atividade criativa diante da insuficiência do mundo, fazendo-nos perceber que somos os criadores de sentido e que este morre quando morremos. A imagem é forte e bela, mas a maioria de nós toma mesmo é antidepressivo, por isso a ética trágica é sempre aristocrática: poucos têm coragem suficiente para enfrentar uma existência insuficiente de sentido.

O Eros em Nietzsche é exatamente esse gozo criativo em meio ao vazio de valor e de sentido. Mas diversas vezes, na calada da noite, penso que muita gente que simpatiza com Nietzsche esquece que, por trás desse canto maravilhoso sobre a possibilidade de sermos nós mesmos a fonte de valor (este é o "super-homem", o transvalorado que viu a inexistência de valores eternos), está um olhar trágico, mesmo que "alegre" como ele, Nietzsche, gostava de dizer.

As virtudes máximas na tragédia são a coragem e a humildade: humildade de se saber um nada, coragem de se manter de pé sabendo-se sempre um derrotado. Essas virtudes antigas produzem uma sensibilidade peculiar e poderosa, pouco ativa entre nós, contemporâneos, escravos de modelos infantis de vida. Nada há aqui desse blá-blá-blá egoico que tantos falam quando citam Nietzsche. Se não faz o percurso trágico (a transvaloração em si, a tomada de consciência da insuficiência do mundo e de si mesmo), você não chega à dança sem sentido da vida como gozo da existência. A esmagadora maioria dos homens e mulheres se despedaça contra as paredes desse abismo que é o vazio e a indiferença cósmica.

Já em Schopenhauer, ou mesmo em Freud, que muito se assemelham, o trágico tem uma face distinta. Não que o acaso de certa forma não opere (o mundo ou é mau, ou é cego, ao final da história humana para ambos), mas há um princípio, digamos ontológico, relativo à essência do mundo, das coisas e dos homens (Freud não faz propriamente metafísica, mas metapsicologia – lembremo-nos bem disso), que tudo perpassa e que se parece mais, de certa forma, com o destino cego das moiras. Trata-se da vontade cega em Schopenhauer (ou das pulsões cegas em Freud, principalmente da pulsão de morte que dissolve a harmonia psíquica), que visa à destruição, à tortura, à desarticulação moral e ontológica final do mundo e da alma. Em Schopenhauer, "Deus é perverso". Uma vontade sem fim, essência perversa do universo e do ser, que tudo destrói em seu movimento acósmico (em filosofia esse termo "acósmico" sempre representa a negação última de qualquer ordem ou cosmos). Em Freud, esse princípio representa a entropia final da pulsão em seu desejo pelo retorno ao inorgânico, ou seja, à pedra.

Entre os primeiros cristãos (*grosso modo*, entre os séculos II e V d.C.), um grupo chamado de "gnósticos" (controvérsias cobrem de sombra esses grupos, mas não vou me ater a elas aqui porque aquilo que deles falarei não é por si objeto de dúvida) afirmava que o deus criador do mundo é mau (o "demiurgo") e que a criação é um cárcere de torturas intermináveis. Aqueles que despertavam para essa realidade, "os que sabem" ("gnósticos" significa isso), eram os únicos (os "solitários") a ouvir a voz do salvador, chamado muitas vezes de Cristo nesses textos. Tais escritos receberam o nome de Evangelhos de Nag Hammadi, por conta do nome da região do Egito em que foram encontrados em meados dos anos 1940. Ao despertarem, percebiam então que o mundo não tem qualquer salvação e que sua essência é o mal porque seu criador é incompetente, perverso, mentiroso, paranoico e cruel.

Essa teoria não está longe da "vontade" de Schopenhauer ou da "natureza má" de Sade, apesar das diferenças históricas evidentes. Schopenhauer e Sade são filósofos (Sade nem tanto, mais um escritor pornográfico), e esses Evangelhos eram textos confessionais como qualquer outro de qualquer outra religião ou seita. Mas aí temos uma sensibilidade religiosa muito próxima da trágica.

Antes de tudo, é necessário reconhecer que há diferenças grandes entre essas filosofias ou teologias trágicas. Uma coisa é dizer que a essência do mundo é o acaso cego. Outra é dizer que é uma natureza perversa, um deus mau, uma vontade louca. No primeiro caso, contemplamos apenas a indiferença sonambúlica dos elementos; no segundo, estamos diante de uma essência que nos destrói "intencionalmente". Outra coisa ainda é dizer que há um destino, não mau em si, mas predeterminado, do qual não escapamos (do que se depreende certa crueldade cega por parte do destino por desejarmos ser livres em nossas vidas e não o sermos), como no caso da religião grega. Vale lembrar que a noção de destino na religião grega estava firmemente ancorada na condição mortal dos homens. O destino era para eles a morte inevitável, daí a ausência de liberdade, porque não podemos não morrer. É outra coisa ainda quando cremos que fomos criados por deuses não maus em si, mas que apenas se divertem conosco a partir de suas paixões grandiosas ou mesquinhas.

O que as reúne numa só "tribo" é o fato de todas elas trabalharem contra o princípio de razão suficiente do qual fala Kant: sofremos diante da possibilidade de que qualquer uma delas seja verdadeira porque, no fim, o mal venceria. Podemos matar crianças, roubar, mentir e coisas assim, contanto que a lei não nos pegue, porque no limite tanto faz.

Não vou aqui entrar no jogo do relativismo chique que as pessoas gostam de citar em jantares inteligentes e em reuniões de antropólogos *blasés*, mas que são, na realidade, intimamente medrosos se tivessem que enfrentar de fato a força de um niilismo verdadeiro e concreto.

Se ficarmos fora de qualquer metafísica de essências más ou deuses perversos, talvez nos sobre o acaso cego e indiferente de Lucrécio (próximo em alguma medida do darwinismo e, portanto, da ciência moderna).

Mas a "tragédia da natureza humana" em Freud também é muito importante como argumento contra a suficiência da condição humana. Como? Porque para o trágico de Viena somos meio loucos, atravessados pelo desejo de morte (as pulsões) e de autodestruição, quando não pelo desejo de destruição do mundo. Para ele, desejo e morte sempre andaram lado a lado. Nunca seremos plenamente realizados em nada. Essa ideia está clara em seu artigo "Mal-estar na civilização", no qual descreve o preço que pagamos pela repressão de um desejo sexual perturbador da vida (o incesto): seremos civilizados, mas sempre em mal-estar porque a felicidade humana não parece fazer parte dos planos do Criador. As ressonâncias trágicas dessa hipótese são claras como um dia de sol, inclusive para aqueles que creem num progresso do ser humano como sentido da vida. Freud aqui se alia, ainda que por motivos muito distintos, a toda uma tradição agostiniana (isto é, a herança do pecado), que fala de uma natureza humana entrópica, o que nega a ideia de suficiência humana, ainda que num cenário de indiferença cósmica e sem deuses.

Resumindo todas essas versões da tragédia, uma coisa é clara: a indiferença cruel do universo (externo e interno) para com nosso desejo de organizá-lo (através das religiões que criamos ou das utopias político-sociais que imaginamos) segundo nossa vontade se constitui numa resistência eterna que o acaso oferece ao nosso pequeno nada.

O REI DAVI

Às vezes me pergunto de onde vem minha simpatia pela atitude do rei Davi em seus salmos, já que não sou religioso. O crítico Otto Maria Carpeaux me responde. Nossa imensa ignorância perante a imensidão da vida e do universo, perante a impenetrabilidade das razões de nosso nascimento e de nossa morte, perante nosso inexorável isolamento nesta vastidão dos espaços infinitos de escuridão que nos assusta, como diria Pascal, nos impõe a humildade como forma última de estar no mundo. Sem ela, não há conhecimento possível. E a humildade é a virtude hebraica por excelência. E aqui se encontram, no coração da Antiguidade, Israel e Grécia: humildade é uma virtude religiosa antiga por excelência. O judaísmo que me interessa é o hebreu, o antigo. Humildade é a grande virtude de Davi, motivo pelo qual é chamado de o "predileto de Deus", porque pensa com o coração e por isso o tem no lugar certo, aquele lugar a partir do qual confessa suas fraquezas. Sempre me encantei por aqueles que vivem em meio a suas fraquezas, como as mulheres. Uma das coisas que me atrai nas mulheres, além de suas pernas, é sua capacidade para enfrentar, sem falsa arrogância, a fragilidade das coisas e de si mesmas. Em nós, modernos, falta a humildade. Por isso, pela falta de humildade, é que o orgulho moderno é sempre um erro como forma de estar no mundo. É por isso, entre outras coisas, que prefiro o mundo antigo à breguice moderna.

DESTINO

O destino humano é sobretudo fisiológico. Carregamos moiras em nossas células. Kafka tinha fixação em janelas como o lugar onde se envelhece. Seus "heróis" envelhecem na janela à espera da resposta acerca de seu próprio desaparecimento. Esse desaparecimento é uma das formas de o destino se revelar enquanto ainda estamos vivos: o envelhecimento. A vida moderna, voltada para o progresso, mostra sua ambiguidade de forma grotesca no modo como se relaciona com o destino fisiológico do ser humano, que é virar pedra. Nunca tivemos nas mãos tantas técnicas para retardar o envelhecimento nem tanta consciência de nossa nulidade. Envelhecer hoje nada significa, porque o idoso não é mais o narrador da vida. Ele nada mais é do que um corpo que cai no reino mineral. E são tantos os idosos que já sabemos que a maioria deles nada sabe e nada vale como narradores porque eles mesmos querem "aprender" com os mais jovens. Um mundo que endeusa o futuro (os mais jovens) é um mundo sem futuro. Quanto mais exaltamos as tecnologias da juventude, mais declaramos que a vida é um nada que despenca no abismo. A diferença é que hoje sabemos (ou achamos que sabemos) que os idosos nada sabem e, portanto, nada valem. Uma sociedade como a nossa, em que o jovem é o critério de valor, necessariamente esmaga qualquer dignidade possível do envelhecimento. Quando um pai ou uma mãe quer ser como o filho ou a filha, ele ou ela nega o futuro para sua prole porque demonstra, na sua ridícula esperança de eterna juventude, que não vale a pena viver.

**UMA
PEQUENA
MORAL**

Tenho uma ética afinal de contas. Mas ela nada vale para quem se preocupa com ética. Mas eu, como já disse antes, não confio em pessoas éticas. Minha ética começa aqui: sempre parto do princípio de que serei um derrotado ao final, pouco importa o que eu faça.

Nesse sentido, a autoconfiança tem em mim o mesmo efeito que os odores que emanam dos corpos nos necrotérios: o cheiro de um sonho risível de futuro. Meço o valor das coisas pelo hábito, pelo conforto ou desconforto que me causam. Sou incapaz de reagir a qualquer valor descrito como ético. O que me impede de ser niilista são os meus limites fisiológicos, meus medos e meus hábitos, nada mais. Esta é minha (frágil) resposta ao niilismo, um nada de ideia, um tudo de matéria e de memória.

LUIZ FELIPE PONDÉ

AGONIA

Do olhar trágico que, com os anos, cada vez mais se impõe a mim, pode nascer três tipos de alma: uma cética, uma conservadora e uma niilista. Habito esses três mundos. Dia a dia busco colocá-los lado a lado, numa convivência minimamente pacífica. Nem sempre tenho sucesso. Esse conflito contínuo molda minha pequena filosofia do afeto.

 O ceticismo sempre nos coloca em alerta contra crenças em nossa capacidade de entender o mundo. Quando essa dúvida se realiza no plano político, ela pede prudência (umas das virtudes máximas para qualquer líder conservador) antes de qualquer decisão. Afinal, por que ceticismo e prudência se aliam na política? Porque o ceticismo é antes de tudo uma dúvida agônica com relação à capacidade humana de saber precisamente o que está fazendo. O grande aliado dessa agonia, além da prudência, é o hábito, coração da vida moral e política para o cético.

Se o pensamento em mim tende ao niilismo e faz seu trajeto inexorável ao sentimento triste da negação da vida, meu corpo sempre me serviu de tábua de salvação. O hábito fisiológico, assentado em décadas de uma dança atômica repetitiva, tem sua face moral, que é hábito moral, quase sempre irmão gêmeo da preguiça. A ação do hábito moral se dá mais pelo tato sensorial do coração do que pelas razões do pensamento. Temo que a velhice que desponta no horizonte como possibilidade contrária a uma morte prematura venha a liquidar a resistência fisiológica que sempre foi, em mim, a principal barreira ao afogamento no niilismo e na melancolia. Serei eu capaz de resistir à imposição do pessimismo quando meu otimismo físico chegar ao seu esgotamento?

O pensador romeno Elias Canetti conta que Kafka tinha por hábito, em suas intermináveis insônias, ouvir os ruídos fisiológicos de seus intestinos durante a noite, anunciando à sua alma amedrontada as inevitáveis doença e morte, que para ele veio prematuramente. Os sons do corpo anunciam a dependência da alma para com o corpo, e a vitória final deste. Logo, em minha vida, antes mesmo da filosofia, pressenti o fracasso fisiológico como forma concreta de um ceticismo da matéria com relação aos voos do espírito. O encontro com o ceticismo filosófico foi apenas o momento de nomear, na tradição, meu sentimento trágico no âmbito do espírito. A humildade que busco é a bíblica, de Davi e Moisés, que me tem preso; é a trágica, de Aquiles, Antígona e Ifigênia, a daqueles mortais que se sabem dominados por uma fisiologia que é, em si, destino.

Para um filósofo, pensar com o coração muitas vezes é tomado como traição. Mas é importante lembrar que cheguei à filosofia como forma de negação da minha primeira profissão, a de médico, portanto como um modo particular de fracasso. Cansava-me a ideia de ser responsável por vidas ao longo de toda a minha existência. Trabalhar com ideias me pareceu uma atividade mais irresponsável. Essa experiência vale, até hoje, como modo de constrangimento de qualquer forma de orgulho em minha atividade intelectual, apesar de saber bem que ideias sim têm impacto na vida das pessoas que as ouvem.

Quando leio nos céticos, como David Hume e Michael Oakeshott, as credenciais sofisticadas do hábito, me sinto em casa. O hábito resiste em sua inércia às paixões da razão travestidas de leis universais. Uma cegueira que se vê como luz. Como diz Oakeshott, o hábito é cego como o morcego, pois ele se move pelo tato.

Como esses céticos, tornei-me conservador sobretudo por medo dos excessos humanos. Medo de mim mesmo como exemplo do que somos capazes: caráter frágil, desejo por poder e dinheiro, submissão ao sexo. Tudo como sempre foi desde os heróis bíblicos e Aquiles na *Ilíada*.

É comum se afirmar que exista uma sabedoria cega, como um morcego, no hábito – como citei no caso de Oakeshott. A própria psicologia evolucionista assim o pressente. Não nego. Milênios de enfrentamento da miséria da vida diante da agressão do mundo só podem falar a favor de alguma forma de resistência sábia do comportamento humano à devastação possível da vida. Mas não há necessariamente beleza nessa sabedoria. Ela talvez seja apenas um recurso da mesma ordem dos hábitos das grandes aranhas fêmeas que devoram seus pequenos machos após o acasalamento e, ainda assim, esses pequenos machos não resistem ao desejo de fazer sexo com essas devoradoras. Há sim alguma forma de mistério no hábito, de uma multiplicidade e variedade muitas vezes incompreensíveis, mas mistério é, antes de tudo, algo a se temer, e não a se amar desenfreadamente, por isso prefiro a sensibilidade antiga, aquela que marca a religião hebraica antiga e a religião grega trágica. Uma sensibilidade típica de um animal que se sabe caça.

Mas reconheço que a ausência de beleza torna o homem um monstro, por isso entendo que a busca desenfreada da beleza mova o espírito humano em meio às trevas que é a sobrevivência.

Os minutos de beleza são fruto da coragem de resistir ao mundo que é mais afeito às baratas do que aos humanos. Uma beleza restrita aos desgraçados. Encanta-me uma ética que brote dessa desgraça.

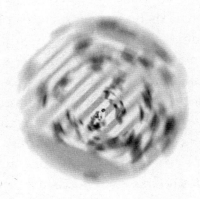

COTIDIANO

Não acho que tenhamos mudado um milímetro desde a experiência nazista. Naquele momento, muitos europeus colaboraram com o massacre não apenas porque odiavam as vítimas dos nazistas (nem precisavam odiá-las, isso seria até demais pensar), mas também pelo amor ao cotidiano. Hoje em dia, se qualquer regime decidisse perseguir o grupo do qual seu vizinho faz parte, você fecharia os olhos como os franceses fizeram. A covardia e o amor à rotina acomodam mais os homens ao crime coletivo e social do que a força das ideias. Em nome de um emprego melhor, em nome de sentir menos medo diariamente, em nome de conseguir melhor qualidade de vida, aceitamos qualquer crime. Toda discussão sobre o massacre nazista (ou qualquer outro) esbarra no fato de que nós, hoje, gostamos de pensar que não faríamos a mesma coisa que aqueles homens e mulheres fizeram. Nossa maior preocupação é assegurar uma ideia construtiva de nós mesmos. O massacre nazista nasceu do horror que continuamos a alimentar com relação a tudo que afete nosso cotidiano imediato. Erraram todos os que se esqueceram de dizer isso. Além disso, nos sentimos mais tranquilos quando outros estão sendo destruídos em nosso lugar. Estamos sempre dispostos a nos calar quando um jantar a mais é garantido. O comportamento moral comum é mais decidido em nome de uma noite tranquila e um dia monótono do que em nome de qualquer ideia de justiça que algum dia alguém escreveu. E se qualquer massacre se der em nome de alguma ideia em que acreditamos e, além disso, se nosso cotidiano estiver garantido, aí então nos transformamos em feras banais.

DINHEIRO

Dizem que dinheiro não compra felicidade. Você pode sim se perder por dinheiro, mas isso não torna mais verdadeira essa negativa: dinheiro não compra felicidade. Ao contrário, e é por isso mesmo que você pode se perder por dinheiro: a infame afirmação "dinheiro compra felicidade" é quase sempre verdade. Volto a citar aquela frase do grande Nelson Rodrigues: "dinheiro compra até amor verdadeiro". No mundo capitalista, dinheiro é o instrumento máximo de conhecimento do que é a experiência humana concreta. Se dinheiro não comprasse amor verdadeiro, estaríamos a salvo. Mas não estamos.

O cinema está cheio de exemplos de como devemos resistir ao dinheiro. As novelas e as pedagogas das escolas também vendem lições morais contra o dinheiro como ferramenta da felicidade. Fazem-no por medo ou simples mau-caráter, porque todo mundo sabe que dinheiro compra felicidade. O pensador americano Henry Adams, no século XVIII, dizia que um professor é um empregado encarregado de contar mentiras às crianças e de velar as verdades aos adultos. Toda vez que um professor pensa que deve "formar" seus alunos acaba caindo na função descrita por Adams. Professores ajudam seus alunos, lançando mão do repertório cultural universal à disposição, a enfrentar a terrível condição humana: efemeridade, paixões, valores sem fundamento universal, medo, finitude, injustiças, fracassos.

A triste verdade é que dinheiro compra sim felicidade. De modo mais banal, compra férias, qualidade de cotidiano, bons médicos, segurança, casas em ruas com árvores, escolas decentes, conversas mais doces, filhos mais saudáveis, momentos de sensibilidade sofisticada. Dinheiro deixa as mães dos seus filhos sorridentes e generosas no sexo. É claro que existem exceções. Como dizem os darwinistas, o fato de que existam algumas poucas mulheres mais altas do que alguns homens não invalida estatisticamente a seguinte generalização: mulheres são mais fracas e menores do que os homens.

Portanto, caro leitor e cara leitora, deixe de mentir: quantas vezes você já viu em sua vida que dinheiro comprou sua felicidade e emocionou sua família e seus amigos? Sucesso costuma ter o mesmo efeito.

Mas dirão os hipócritas (esse tipo de praga – os "hipócritas do bem" – que infectou a vida com o pensamento desde o "projeto social para um mundo melhor"), tentando invalidar a infame afirmação de que "dinheiro compra felicidade": a felicidade que o dinheiro compra é vã. Verdade, devo dizer. Mas qual tipo de felicidade não é? A frase "um homem vale pelo que ele é e não pelo que ele tem" seria menos vã? Como você pode dizer exatamente como um homem é? Qual garantia você tem dessa constância do "ser" de um homem? Não é ele inconstante e muda a toda hora de humor e de intenção?

O fato é que todos nós optamos por dizer mentiras construtivas porque elas tornam a vida mais leve como em toda atitude de autoajuda. Dinheiro pode melhorar o "ser" de uma pessoa, assim como falta de dinheiro pode piorá-lo. O contrário é verdadeiro (a falta de dinheiro pode melhorar alguém), mas quem em sã consciência gostaria de testar essa hipótese contra si mesmo?

Sim, você pode ter muito dinheiro e ver que, ainda assim, a vida não tem sentido. Grande verdade, mas essencialmente chique; assim como você pode ter câncer ou tédio dentro de um BMW. Na maioria das vezes em que uma pessoa menospreza a contribuição do dinheiro para sua felicidade é porque não o tem. Todo mundo tem seu preço, menos os santos, e estes nós matamos e não queremos em nossas famílias porque tornam inviáveis os acordos sombrios que fazem a vida possível. A vida necessita de um certo *quantum* de corrupção, do contrário, torna-se irrespirável. Não digo isso com felicidade.

O fato de a vida ser vã não invalida essa máxima infame. É justamente porque a vida é vã que a infâmia dessa máxima é verdadeira. Pena. Mas o sorriso de uma criança pode sim ser comprado, assim como o amor de uma mulher ou de um homem.

A imperfeição da vida nos é insuportável, temos horror a ser animais do abismo, por isso buscamos utopias de perfeição como as que se encontram na mitologia.

BABEL

Mitos são verdades psicológicas. Só ignorantes os tomam como mentiras. Esse fato é já uma banalidade, mesmo em jantares inteligentes em que todo mundo sabe que há algo de verdade nos mitos. Eu prefiro entender o mito como narrativas ancestrais sobre maldições eternas. Entre elas, uma em especial me encanta: a torre de Babel, o mito que fala da busca humana de criar um paraíso com as próprias mãos.

A seguir, conto a você, leitor atormentado pela miséria da vida que invade seu quarto e sua cama, uma versão do mito de Babel. Ela foi escrita (e aqui eu a parodio e comento) pelo cético inglês Michel Oakeshott, morto em 1991. É impressionante o modo como o objeto de Babel (o paraíso construído pelas mãos humanas) é hoje mais contemporâneo do que nunca: mania de saúde, mania de alimentação, mania de felicidade.

Recriemos o mito num cenário moderno, apontando alguns danos cotidianos que a obsessiva busca da vida perfeita (representada pela empreitada da construção da torre) pode causar à vida moral. Relatemos esses danos desde a mídia, passando pela educação, pela família, pela psicologia, até chegar às relações afetivas e à teologia. Da perfeição ao inferno.

A cidade de Babel
Meu Deus, como eu amo a moda.
(Madame de Sévigné)

Qual seria a personalidade dominante na cidade de Babel? Será que seria semelhante a você?

Qual é a atmosfera cotidiana de Babel? Babel é uma cidade de "todas as liberdades imagináveis", sua população é trabalhadora, mas não heroica. A movimentação é típica da vida urbana, marcada pela busca incessante da realização das satisfações e das necessidades. Carro, celular, laptop. Desejar algo não necessariamente passa pela falta que esse algo faz, mas sim pela humilhação imaginária de que outros desfrutem aquilo que você não tem. A velha natureza humana que se move pela inveja aqui refletida em seu espelho. Sabe-se disso há milênios. Hoje em dia é que em jantares inteligentes tentam dizer que a inveja não existe. Pobres diabos. Veremos que esse tema das necessidades e das satisfações se constituirá numa litania (refrão) em Babel. A alma babeliana é vulgar como toda alma que se vê digna apenas quando busca satisfação. Nemrod, líder de Babel, jovem e cheio de ideias, criador do "projeto social Babel", é um típico babeliano e, nesse sentido, é um líder legítimo. Os babelianos, como reza toda vulgaridade, cultuavam tudo que sustentasse o direito à dignidade de suas necessidades e suas satisfações. Para eles, o universo teria que conspirar a favor de seus anseios, do contrário, seria uma injustiça cósmica. Um traço importante ligado à espiritualidade babeliana é sua "teologia". Na teologia babeliana, Deus é visto como um usurpador cheio de privilégios; e eles, babelianos, como desprivilegiados, tal como nossos ressentidos de hoje. Esse fato é importante porque define logo que, para os babelianos, a espiritualidade tinha o mesmo valor que qualquer bobagem a serviço de sua vulgaridade. Quando tomados por delírios infantis, os babelianos sonhavam com "um mundo sem inverno", "rios de vinhos", uma natureza que respondesse às nossas infinitas necessidades com infinitas satisfações. Calor e muito vinho, elementos da matriz mítica do mundo a ser construído por nós, babelianos, sim nós. Sejamos sinceros e paremos de nos referir a Babel como se ela não fosse nossa cidade.

> Sua dignidade de babelianos exige um reconhecimento mais radical. Pois quem é o verdadeiro criador de sua frustração? Quem é esse que tem os meios para pôr fim

> à sua privação, para dar-lhes uma ilimitada profusão de satisfações, e não o faz? Não é esse mesquinho Deus [...]? Não somos nós as vítimas inocentes de uma conspiração cósmica? Ou, se não isso, ao menos vítimas de uma criminosa injustiça distributiva?
>
> (Michael Oakeshott, Torre de Babel, em *Sobre a História e outros ensaios*, Rio de Janeiro, Liberty Classics Topbooks, 2003, p. 266)

Palavras de Nemrod à sua cidade, resumo da teologia em questão. A guerra santa pelos direitos dos babelianos estava lançada. E aqui a sutileza da questão deve ser levada a sério: lembremos mais uma vez que os babelianos somos nós. Nunca é suficiente a redundância em se tratando do caráter aparentemente pouco pretensioso de nossa querida população. Sobretudo, o que nos faz babelianos e descendentes de Adão e Eva é nossa revolta banal contra a evidente infelicidade da vida. Com isso não quero negar, como alguns críticos babelianos mal informados suporiam, o direito de superarmos a dor no que for possível, quero sim apontar o necessário fracasso de toda empreitada humana de perfeição (assaltar o paraíso) e não pretendo, com isso, desqualificar a agonia da carne desta infelicidade irredutível que nos esmaga.

Apesar de fiéis crentes nos modos racionais de definição moral (adoramos nos definir como "éticos" e "conscientes dos problemas contemporâneos"), nós, babelianos, em nossa vulgaridade simples "preferimos chegar a viajar". Como todo preguiçoso, gostamos do modo mágico de viver. Se olhar bem, você perceberá o profundo caráter mágico presente nas fantasias de "um mundo que não existe para homens que não existem". Uma bruxa poderia tirá-lo do caldeirão. Filhos de Fausto, só quem sonha pode não perceber o escândalo que é um homem que habite o paraíso: o sofrimento, o fracasso, a agonia são condições de possibilidade da realidade – o que não significa que sejam desejáveis –; são o horror que habita nossa face, não nosso desejo; são o que somos e não o que desejamos ser.

Nossa indolência individualista foi paulatinamente vencida pela cobiça, e finalmente formamos um coletivo. Os caprichos sustentarão os grandes ideais a partir de agora. Os efeitos serão lentamente sentidos, assim como os da guerra.

A ALTERNATIVA SOCIAL

Nós, babelianos, nos transformamos em atores de um bem maior, e a imagem dos "tratores na linha do horizonte sob o sol" nos emocionava diante da tarefa libertadora que tínhamos pela frente. Mas projetos grandiosos como esses não afetam apenas grandes agendas. Os detalhes também adoecem e, quando isso acontece, acabam as esperanças, porque a vida é em grande parte um tecido de detalhes. As manias típicas das "certezas sociais" invadem a vida, dos cabelos em forma de torre aos bolos infantis e brinquedos, aos adesivos de carro ("Avante torre", "Construção para o paraíso do povo"), *Bife à la Tour*, aos nomes das meninas e dos meninos. Todavia, esses pequenos detalhes logo deram lugar à séria santidade do projeto social: um novo sistema educacional era necessário, novas disciplinas com conteúdos tecnológicos específicos para a tarefa (Tecnologia da Torre – TT), assim como disciplinas com teor mais especificamente formativo a fim de desconstruir atitudes pouco afirmativas com relação às necessidades que um projeto coletivo como esse demanda de nossas almas. Dito de outra forma, políticas públicas para formar novos cidadãos adaptados ao projeto social Babel. Almas céticas com relação à santidade do projeto social da torre deveriam ser recuperadas ou neutralizadas. Fórmulas publicitárias movidas pela certeza de quem sabe representar o bem caíram como uma tempestade sobre as cabeças descrentes, e logo elas não mais existiam. Um "famoso relatório" chamava atenção para "as habilidades e versatilidades exigidas pelo atual compromisso do povo de Babel". O conhecimento e a arte logo se viram diante da necessidade moral de se fazerem "sociais": a arte evoluiu em direção ao *design* industrial necessário para a torre. As práticas linguísticas também sentiram o impacto da nova certeza. Os substantivos concretos e abstratos degeneraram na pobreza de um qualificativo único: o que não é social (isto é, pró-torre) é mal. Os jornalistas, movidos pela segurança de quem constrói a nova cidadania, optaram por uma mídia mais "democrática" (a serviço dos interesses daqueles que marcham juntos em direção ao paraíso), isto é, "boletins diários" informavam a população sobre os avanços dos trabalhos. Os que não amavam a torre asfixiaram sob as botas da construção social da felicidade.

A PSICOLOGIA DA TORRE

Velhas dúvidas existenciais não existiram mais. A felicidade social devia ser suficiente para eliminar o sofrimento das almas que antes estavam acostumadas à fratura evidente do sentido das coisas. Uma nova saúde total surgia no horizonte. Em tempos em que a mania de saúde impera, a esperança se aloja na doença: um novo tipo de melancolia surgiu, nos sonhos, nas falhas de memórias, nos rituais obsessivos, nas fissuras do real. Babel se dividiu entre engenharia da torre e psiquiatria da torre. A nova teologia cunhava o novo conceito de pecado: tudo que for contra a torre. Medalhas nas escolas estimulavam os alunos a saber o essencial da vida para os jovens: amar a torre.

Sociólogos, antropólogos, filósofos e psicólogos se lançaram à tarefa de estudar os "novos estilos de vida", as afetividades, as inseguranças. Grupos de estudo davam espaço às pessoas para construírem a passagem inevitável ao paraíso. Muitas pessoas, muitos de nós, descobriram que não sabiam o que fariam quando tivessem a eternidade de perfeição pela frente. A angústia diante dessa nova descoberta acabou por desarticular muitos de nós. Mas remédios novos nos ajudaram a calar essa angústia mal-educada, assim como grupos de terapia nos ajudaram a descobrir nosso direito à felicidade. Uma onda de comportamento novo assolou a juventude: descobriram facilmente que seus pais e seus avós nunca conseguiriam subir até o paraíso (degraus demais, afinal), por isso perceberam que o "paraíso era deles" e com isso passaram a não respeitar os mais velhos, porque o "futuro era dos jovens". Muitos pais sofriam com isso, mas optaram por negar esse fato e passaram a se vestir e a falar como jovens a fim de – quem sabe – melhorar o desempenho físico na hora de subir a torre. Como sempre, nós, babelianos, optamos pelo pensamento mágico.

BEM-VINDOS AO INFERNO

Por fim, a ganância de chegar ao paraíso acabou por minar a confiança inicial na administração do projeto. Com a demora e a altura gigantesca que a torre assumiu (lembremos que o projeto Babel buscava resolver em quilômetros uma distância qualitativa entre o homem e Deus, o que os filósofos chamam normalmente de "diferença ontológica"), os babelianos começaram a brigar entre si e invadiram a torre todos de uma só vez. A torre ruiu, e todos morreram. A busca da perfeição nada mais fez do que ampliar as fronteiras do inferno.

AFRODITE

Casal feliz, honesto, filhos saudáveis. Não eram idiotas de classe média, crentes no materialismo grosseiro. Profissionalmente bem-resolvidos, vida financeira estável. Ela, uma mãe atenta, ainda que não obsessiva pelos filhos. Sexo constante, gostoso.

Apesar da alegria, um dia, ele acorda, e ela não o satisfaz mais sexualmente, seus atributos femininos tornam-se opacos, como se nunca tivessem existido. Nenhuma lembrança movia a montanha da indiferença que se abatera em seu corpo e sua alma. Os movimentos dela no dia a dia nada mais significavam para ele. O corpo dela, de repente, se transformara numa massa sem forma amorosa. Ele cai numa tristeza profunda diante do inevitável, o sofrimento no qual ambos seriam jogados. A falta de desejo por parte dele o tornara, de um dia para o outro, um completo incapaz de reagir ao desespero em que ela cairia ao perceber que se tonara, para ele, uma mulher feia.

Nada aconteceu que pudesse ser responsabilizado. Nenhuma ciência ou filosofia explicaria o ocorrido, dando algum repouso à indiferença terrível que o acometera de um dia para o outro. Alguma mudança de comportamento, algum desleixo da parte dela, alguma maldade nova, nada. Nem mesmo uma nova sensação de rotina vazia nunca experimentada. Nenhuma doença ou perda de beleza significativa. De um dia para outro, nem mesmo a noite tinha sido excepcionalmente maldormida, nenhum pesadelo, nenhuma dor desconhecida, além das comuns.

As pernas dela eram agora sem graça. Sua voz, monótona. Sua conversa, sem interesse. Sua imagem, distante. Dia a dia, as horas ao lado dela passaram a ser longas e insuportáveis. O coração dele se agoniava diante da falta de qualquer sentimento. Talvez a morte fosse uma solução.

Um erro comum das mulheres é supor que todos os homens são de fato a fim de todas as mulheres e que se interessam por sexo o tempo todo. A vida masculina está submetida a sutilezas de desejo tanto quanto a vida feminina, mas temos ainda poucos recursos de linguagem para nomear essas variações para além do imaginário cultural que entende que homens "comem" qualquer mulher a qualquer hora. A favor desse silêncio masculino está o medo de "virar gay" ao se tornar sensível, e a insegurança feminina de na verdade não saber lidar com um homem mais sofisticado existencialmente. No fundo, são as mulheres que gostam de homens burros.

A possibilidade de uma nova vida com uma nova mulher não inspirava nenhum sonho maravilhoso. Ao contrário, a ideia de se apaixonar por outra mulher o atormentava como alguma forma de desgraça insuportável que poderia acontecer a qualquer momento. Passou a olhar para o chão quando falava com alguma mulher bonita e interessante. Pensou que os cegos eram felizes porque não conseguiam enxergar a beleza feminina. Entendeu pela primeira vez o que significavam os medos ancestrais que os homens tinham da beleza irresistível das mulheres. No trabalho, tornou-se tímido e silencioso quando alguma mulher bonita falava com ele. Passou a viver em contínuo pânico. As colegas de trabalho estranharam porque sabiam que ele sempre fora um homem educado e agradável com elas. Nunca souberam a razão.

Nosso herói infeliz apenas se calou. Ao final, ele se revelara fiel a sua esposa e sua família, ainda que isso implicasse sua própria infelicidade. Se as pesquisas científicas que relacionam a falta de vida amorosa e sexual saudável com doenças masculinas precoces estiverem corretas, nosso herói tornou-se um provável candidato à morte prematura.

Não adiantaria contar a nenhum amigo, ninguém acreditaria que isso acontecera de um dia para outro. Ninguém entenderia como ele, eterno apaixonado por sua bela esposa, era agora um indiferente a ela e, por defesa, se tornara um distante das outras mulheres. Decidira mentir, buscar formas eficazes de fingir que continuava amando-a e desejando-a.

Contam os especialistas em mitologia grega que a deusa Afrodite costumava ser uma deusa ciumenta e exigente. Em seus cultos, demandava muito de seus fiéis. Quando algo a desagradava nas oferendas a ela oferecidas, seus fiéis eram castigados. Apaixonavam-se por quem não deviam, traíam seus fiéis cônjuges. Enlouqueciam de amor.

Nosso infeliz herói descobriu assim, lendo um livro que lhe fora presenteado por uma amiga, o que havia acontecido: estava sendo castigado. Afrodite decidira que ele não mais amaria sua bela esposa e silenciou seu coração ao amor. Claro que ele não era uma dessas pessoas ignorantes que acreditam em deuses mágicos (principalmente os mortos, como os gregos). Mas, mesmo assim, a ideia o acalmou porque mitos são verdades ancestrais que bem compreendem a vida: não havia nenhuma razão especial para sua desgraça particular, a não ser a velha má sorte humana sobre a qual os gregos tão bem contaram histórias tristes. Simplesmente chegara a sua hora de ser sacrificado ao nada.

A PALAVRA MORTAL

"Pai" é uma palavra mortal. Mortal como a visão de Deus. Toda palavra mortal merece um mito. Muitos são os relatos míticos e religiosos que falam do pai: Édipo, Gênesis, Evangelhos. A psicologia profunda também mergulhou, se afogou, na figura do pai: Freud, Jung. A literatura: Schiller, Kafka, Dostoievski. E por quê? Porque a relação entre pai e filho marca simbolicamente a transmissão de uma tradição. Segundo Freud e Dostoievski, a tradição é narrada pelo pai. Segundo Kafka, o pai nos tranca num cômodo, onde padecemos o desespero da lei. A palavra "pai" descreve não só uma pessoa, mas também uma função. Essa função assume a forma de uma narrativa que dá significado para a vida e para o mundo, construindo a realidade e dizendo o que ela é ou deve ser. A modernidade festeja a morte do pai, construindo a noção de liberdade individual sobre seu cadáver. Tambores, festas, música e fogo iluminam o horizonte falando da glória que é nossa orfandade. A maturidade sempre passa pela morte do pai. Mas a maturidade também é mortal porque significa conhecimento verdadeiro, e essa forma de conhecimento sempre fere a alma. A mentira é muitas vezes um bálsamo para a alma torturada pela verdade. E transformada em solitária por isso. Solitária como todo órfão. O segredo da maturidade é perceber que muito da vida é uma meditação sobre a morte. De novo, mortal. Amadurecer é se aproximar da morte e sentir o cheiro da insignificância de tudo. Os tambores comemoram o cadáver do pai. Revoltados contra o pai, de todos os cantos do mundo, chegam para comer seu pedaço do cadáver num ritual sombrio de felicidade. No cotidiano, esse ritual aparece muitas vezes de forma velada, delicada, confusa, nos olhos vazados de quem finalmente não tem passado. Aparece na afirmação monótona na TV, no cinema, na literatura, na ciência da Psicologia e da Sociologia revolucionárias (de tantas vezes que ouvimos) que o pai já não é necessário. Pobres diabos solitários. Sim, vivemos sem o pai. Em cada canto do mundo, órfãos sentem o alívio de não mais carregarem tradição alguma. De não terem casa para voltar. Transcendem em direção à liberdade e, com ela, à insegurança e à solidão. Mas esse é o preço pago por tornar-se um ser humano adulto. Morto o pai, morta a tradição, morto o narrador, a casa passa a ser habitada por fantasmas, as palavras tornam-se mudas, os afetos, sem nome e sem destino. A alma, envelhecida, adormece junto à janela, esperando também sua hora de morrer. Mas é essa mesma a meta da modernidade, matar o pai. E comer seu cadáver. Entrar no cemitério onde jazem todos os cadáveres do mundo, vestindo um corpo de homem livre. E aí, caminhar sobre suas tumbas.

WASTELAND

Amo a universidade, detesto a universidade. Vivo muitas horas do meu dia nela. Como afirmou Russel Kirk, historiador norte-americano do pensamento conservador, ainda na década de 1950, no momento em que a "carreira universitária" se tornou objeto de anseio de pessoas sem posses, a universidade entrou em agonia. E essa agonia não tem fim. Por quê? Porque a universidade se tornou ferramenta de ascensão social. E, na busca de ascensão social, fazemos qualquer coisa, porque está em jogo nossa sobrevivência. E, tristemente, a universidade e o conhecimento são instituições humanas muito frágeis para resistir à pressão do meio ambiente.

A natureza humana por si só já tende à mentira, ao orgulho, à inveja, que se repetem à monotonia em virtude das duras condições de sobrevivência nas quais vivemos há milhares de anos. Não há como evitar a vida sob pecados tão essenciais como orgulho e inveja, os medievais já sabiam disso muito antes de os idiotas modernos dominarem o mundo.

Antes, um reparo. Esse quadro de devastação da vida pelas formas diárias de sobrevivência não é uma invenção ou uma descoberta do capitalismo como querem os marxistas. O trunfo do marxismo não é apontar o modo como a matéria social concreta (o massacre que é o cotidiano e suas instituições visíveis e invisíveis de ordenamento da vida) determina a consciência e a vida, mas sim a promessa de que ele teria descoberto o modo de inventar uma vida que não fosse esmagada pela estrutura social em virtude dos modos de torná-la possível socialmente. Daí sua sedução, que na realidade nada mais foi do que um modo novo de esmagar a vida humana, essa forma frágil que se espalhou ao acaso sobre a face da Terra.

Voltando à miséria da universidade. Para entendê-la não basta saber de sua submissão ao reino da ciência e da técnica, vigas mestras de todo o mundo moderno e das quais não escapamos, porque sem elas o orgulho moderno não teria no que se sustentar. Com a entrada das *working classes* na universidade, com o tempo concreto nela tomado por cálculos de sobrevivência e de carreira, não sobra muita matéria social sobre a qual erguer o conhecimento desinteressado. No mundo das ciências duras e da técnica ainda existe algum espaço para o mérito, ainda que cifrado pelo cálculo de resultados. Mas, quando falamos em ciências humanas – ciências quase inúteis e de resultados dúbios –, o mérito então desaparece e, em seu lugar, resta mediocridade, corporativismo, repetições que mimetizam produtividade em termos numéricos e quantificáveis. Tudo a serviço de disputas miseráveis dos pequenos poderes institucionais.

Já o filósofo espanhol Ortega y Gasset falava da miséria das massas nas universidades, transformadas em praças de técnicos que confundiam diploma com formação, fossem eles professores ou alunos.

De lá para cá, habitamos uma terra devastada. Não esperemos muito das universidades, porque elas servem apenas a si mesmas e a suas carreiras. Verdadeiro *wasteland* onde habitam homens e mulheres que se deliciam com o cadáver do espírito. Riem debochados do poder tomado. Fazem das ciências suas criadas, ocupados em garantir seus pequenos apartamentos de classe média. Deliciam-se em suas reuniões intermináveis discutindo a produção da produtividade na mesmice burocrática. Ainda bem, porque do contrário nada teriam a fazer, porque no fundo não têm talento algum.

Muitas vezes me pergunto onde vai parar um mundo em que se repete à exaustão que todos têm algum talento. Mentira. Mas, afinal, o que é a vida senão se ocupar de coisas e, ao final, tornar-se mais uma coisa no chão de terra que nos cobrirá a todos?

SOBREVIVENTE

Às vezes, a distância, me ponho a admirar quem morre de amor. Ideia antiga, típica do romantismo, esse mal já antigo. Olhos vidrados de dor, beijando vultos, coragem de ser vencido por si mesmo. Nunca fui realmente capaz disso. Faço parte daquela tribo mais dada a resolver a vida de forma pragmática, buscando se ocupar de coisas pequenas, mas muitas, que ajudam a desviar a mente de problemas essenciais. Padeço da segunda concupiscência agostiniana: ocupar o intelecto com coisas pouco importantes, fofocas, detalhes sórdidos e divertidos, mas que acalmam almas que doem sob o peso do vazio de sua raiz. Estranho, dizem muitos, esses filósofos que cantam a agonia, mas preferem pizza no domingo. Não são poucas as vezes que me meço com a tradição de nossa espécie, pensando, afinal, onde eu estaria. A conclusão, sempre, é de que estaria entre os covardes, aqueles que optam, na última hora, por qualquer remédio que alivie a dor. A verdade é que, mesmo que cantemos a coragem, ela é insuportável porque não tem compromisso com a sobrevivência. Grande contradição: para sobreviver, é melhor a covardia. Fato científico evidente a favor dessa tese é que existem muito mais covardes do que corajosos, o que, por definição, atesta o fato suposto anteriormente: melhor ser covarde porque a covardia é maioria, e o darwinismo estaria errado sem seu pressuposto básico, caso o comportamento majoritário não fosse o mais adaptado.

Na estética darwinista (minha paixão pelo darwinismo sempre foi mais estética do que científica, porque sua estética é trágica), prefiro momentos em que poucos exemplares de uma espécie ainda sobrevivem. Dizem os especialistas que quando restam poucos exemplares de uma espécie é porque eles são o que de melhor ela produziu ao longo do tempo em que resistiu à violência do demiurgo cego que seleciona seus miseráveis mais adaptados. E aí haveria uma inversão: os covardes teriam desaparecido pelo simples fato de que não haveria mais esperanças, e só a coragem sobrevive à falta de esperança. Vejo esses poucos coitados caminhando sobre o continente, na vastidão da indiferença geográfica, quando são quatro ou cinco. Encanta-me pensar na batalha que é cada hora de seu dia. Comendo lixo, respirando poeira, se alimentando da falta de esperança, apenas resistindo. Dizem os especialistas, repito, que quando restam poucos exemplares de uma espécie é porque eles são os mais belos que a espécie produziu. Uma beleza desgraçada, a única que a seleção natural é capaz de contemplar em sua cegueira. Portanto, se um dia você encontrar pela frente o último representante de uma espécie, cuidado. Sua evidente extinção é prova de que ele faz parte do que de melhor já habitou sobre a Terra. Respeito seria indicado diante de tal infeliz.

LIBERDADE

Penso às vezes na família. Polêmicas rasgam o mundo e a mídia sobre a família. Devem gays casar e criar filhos? Acho que todos devem ter os mesmos direitos quanto aos riscos da felicidade efêmera e da infelicidade sem escolha. As famílias padecem com as escolhas livres. Contrariamente ao que afirmam os idiotas do progresso social, famílias não vivem bem com a liberdade de escolha. Normalmente, a liberdade de escolha é mortal. Famílias vivem bem com a inércia do hábito, mas não com a liberdade de escolha. Mas a modernidade cultua a liberdade de escolha. Nós, pós-modernos, já somos condenados à liberdade de escolha como uma atmosfera excessivamente rarefeita na qual o oxigênio é raro e leve demais. Escapa ao peso dos pulmões antigos que carregamos nos corpos de 50 mil anos. Não acho que as pessoas se sintam naturalmente bem nas famílias. Tampouco acredito nessa bobagem de amor familiar construído socialmente e em prol da boa cidadania. O fato de a família ter uma história não implica que saibamos como fazer essa história melhor do que ela foi até hoje. Se as famílias, assim como qualquer outra instituição moral, são fruto da ação humana ao longo do tempo, isso não significa que ação humana seja igual a *design*. A ação humana pode ser tão opaca em suas motivações quanto o universo em sua escuridão opressiva. Famílias torturam, mas temos medo de ficar sem família, e com razão. Lutamos décadas pela liberdade dos indivíduos, sabemos quão duro é viver sob a bota da opressão. Mas hoje não temos a mínima ideia de como resolver o fato de que muito do que lamentamos ter perdido deixou de existir porque não resistiu à liberdade de escolha. A vida comunitária só sobrevive na ausência da liberdade de escolha. Não tínhamos opções; agora temos. As delícias da vida comunitária se pagam sob a força da liberdade de escolha dos indivíduos. Uma comunidade é um lugar onde todo mundo sabe como você dorme e como você sonha, e todos sabem com quem sua mãe faz sexo enquanto seu pai vai trabalhar. Uma comunidade não dura quando sustentada em ideias, uma comunidade dura quando sustentada em falta de opção. Grande mentira e erro de todos os movimentos sociais românticos. Não há como recuperar a vida qualitativa e não instrumental anterior ao capitalismo da liberdade sem perder a liberdade de escolha. Por isso fracassaram as utopias, da URSS ao movimento *hippie*. E, para sermos livres, não podemos nos sentir parte de nada. Mente quem diz o contrário. Famílias se mantêm unidas apenas pela obrigação dos ritos do almoço de domingo ou da noite de Natal ou da Páscoa judaica. O amor nasce do peso do rito contínuo. Claro que pode haver rito e não haver amor, mas isso não implica que haja amor duradouro sem rito. O amor é frágil e sobrevive mal na realidade. A falta de escolha normalmente é quem faz você permanecer até o fim. Depois de muitos anos, filhos lindos e amados podem se tornar estranhos, assim como pais dedicados, se revelar estorvo. É a liberdade de escolha que revela isso. Uma vez que tenha visto com os olhos da liberdade de escolha, você não tem mais escolha além de assumir o afeto que carrega em sua alma: desinteresse pelo seu passado. Você poderá ir ao enterro dos seus pais e não chorar. Nessa hora, saiba, você é de fato um ser livre. A liberdade verdadeira é uma forma de morte.

INFERNO

É longo o caminho que vai das trevas à luz. A vida é um conto narrado por um idiota significando nada. Como a chama de uma vela que se apaga ao vento. Minha adesão aos modos duros de descrição da vida, como o do poeta inglês John Milton de *Paradise Lost* (e seu longo caminho que vai das trevas à luz) ou

William Shakespeare (e a máxima sobre a vida narrada por um idiota em *Macbeth*), deve ter, afinal, um sentido. Porque a vida sem sentido não é vida. Desde minha infância dialogo com essas forças tectônicas da vida, mergulho nelas diariamente, afogo-me quase todos os dias. Dependo de meus semelhantes para chegar ao fim do dia. Rogo ao mundo paciência com minha impaciência. Não vejo beleza no meu modo de ser. Peço, sim, para que a beleza não desista de meu vazio. Rezo sempre para que Deus tenha misericórdia de uma alma tão pobre como a minha e que nasceu cega.

LUIZ FELIPE PONDÉ

A FACE DO FILÓSOFO HEBREU

Fala-se muita coisa sobre deus e sobre a Bíblia. Isso me cansa e decidi estudar um pouco a tradição bíblica. Ao contrário do que afirmam muitos filósofos, a tradição bíblica não é uma coisa para gente covarde, muito pelo contrário. Ponha-se no lugar de Adão e Eva, Abraão e Jó, e vejamos o que acontece.

EXÍLIO E ELEIÇÃO: GRAÇA E DESGRAÇA

Nenhum raciocínio no mundo conseguiria provocar a verdadeira tristeza – aquela da alma – ou vencê-la, uma vez que ela tenha entrado em nós, Deus sabe por qual brecha do ser. O que dizer? Ela não entrou, estava em nós. Cada vez mais creio que isso a que chamamos tristeza, angústia, desespero, como que para nos persuadir de que se trata de certos movimentos da alma, é esta alma mesma, que, desde a queda, a condição do homem é tal que ele não seria capaz de perceber mais nada nele, nem fora dele, senão

na forma de angústia. Não fosse pela vigilante piedade de
Deus, parece-me que, à primeira consciência que tivesse
de si mesmo, o homem se desmancharia em poeira.

(George Bernanos, *Journal d'un curé de campagne*, Paris, Livre de Poche,
1971, p. 214, trad. minha)

Descobrir-se dependente deve ser uma experiência insuportável, principalmente quando se traz dentro de si a liberdade de dar nomes às coisas, como é o caso dos nossos ancestrais bíblicos. O homem bíblico pensa da perspectiva de sua origem: nessa origem, o pensamento se dá num ambiente de drama e maldição, não há neutralidade para o homem bíblico porque Deus é exigente. Liberdade e dependência implicam uma relação de confronto. A dura experiência do que significa tal liberdade, para além do que em Adão é apenas infantil, se constituirá em traço essencial da antropologia bíblica hebraica, levando-nos de Gênesis a Eclesiastes e a Jó: liberdade aí toca o conceito de contingência e arbitrariedade. O filósofo hebreu encontra-se entre o temor e o tremor. Adão e Eva viviam face a face com Deus. Quem é esse Deus? Podemos dizer, de partida, que é Aquele ao qual tudo pertence. Eles viviam "de favor" no paraíso e receberam a função de guardiões da Criação. Tudo ali é de Deus, inclusive seus corpos e suas almas. Aqui começa a Antropologia hebraica. Como é a psicologia de um ser que tem por consciência saber que não se pertence? Aprender a viver assim é parte da descoberta de si mesmo que faz o homem bíblico diante dos olhos de Deus. Segundo a narrativa bíblica, nosso pai Adão se revolta, associando o desejo proibido de saber mais com o anseio de se tornar semelhante a Deus. Risível intenção, maldição do pensamento: como o vazio pode ser o Eterno em si mesmo? Risível também porque a vacuidade ontológica que dilacera Adão e Eva (eles têm um ser vazio, mortal e efêmero) não é um fato que se resolva com revolta, a menos que essa revolta tivesse como nos transformar em deuses: pararmos de ser um vazio que fala (nossa fisiologia tende à dissipação e à patologia ao longo do tempo) e passarmos a ser eternos. Deixarmos de ser vazios é exatamente o que significaria tornar-se igual a Deus. O sucesso de Adão seria aqui, como em Satanás, um contraponto a Deus.

Nossos ancestrais bíblicos experimentam exatamente a ausência de ser. Essa experiência é marcada simbolicamente pela expulsão do paraíso e a mortalidade decorrente. Pânico e insegurança como herança mítica: será que Deus ama mais meu irmão Abel do que a mim, Caim? Entre Adão (o infeliz sem ser) e Caim (o invejoso sem autoestima) desenvolve-se nossa árvore ontológica bíblica. Em vez de se tornarem Deus, promessa de Satanás, Adão e Eva adquirem consciência de sua possível desgraça. Esse termo remete exatamente à condição ontológica de vacuidade não vivenciada como graça ou dádiva: o exílio é nossa forma de vida e definirá a circunstância antropológica do homem bíblico. Reúnem-se aqui uma Ontologia e uma Psicologia: a Psicologia fala de um Eu que se percebe passar da posição de sustentado pelas mãos de Deus para a de um revoltado que nada encontra, a não ser o Nada que o constitui. Esse é o encontro mortal consigo mesmo: o envelhecimento, o adoecimento e a morte são as faces mais evidentes da dor causada pela falta de ser. Nossos ancestrais representam aqui a vivência aflitiva da dependência ontológica. Quanto mais radicalizam a aposta em Satanás, mais sucumbem ao desespero do vazio que tem a marca dos seus rostos; quanto mais se revoltam, pior. O pó em nós estremece. A dor da solução cósmica é fruto da cegueira psicológica de um ser que recusa aceitar que seu ser é insustentável. Sem dúvida, o Gênesis narrará as tentativas de Deus de recompor a relação com sua criatura mais amada e os modos como os descendentes do casal primordial repetem o caminho da autoafirmação risível, da solidão, do orgulho e do desespero. Numa linguagem contemporânea, a angústia é a substância de nossos ancestrais bíblicos: o gosto do pó que perpassa um corpo vazio, e uma alma insuficiente pousa sobre seus olhos e invade sua boca.

Abraão é aquele em que o vetor da cegueira se rompe. A aliança proposta por Deus restaura o caminho e o sentido da relação correta com Deus. Diante Dele, Abraão ouve a promessa da restauração e consegue enunciar a verdade que o torna eleito para falar diretamente com Deus outra vez, rompendo o silêncio do homem: "eu que sou pó e cinzas venho aqui diante de Ti". Reconhecermo-nos pó é a chave para sair da cegueira. A eleição de Israel – plenamente realizada com seu neto Jacó, mais tarde denominado Israel ("aquele que vê Deus") – sustenta-se numa restauração da psicologia bíblica arruinada pelo casal ancestral. Entre o casal ancestral e o patriarca Abraão, a diferença psicológica indica a distância entre o pecado e a redenção. Sem um autorreconhecimento ontológico não há a restauração da visão de Deus. A eleição bíblica é saber-nos insuficientes, é sentirmos o estremecimento do pó nos ossos que caminham pelo mundo. Em Jó, voltaremos a ver a face de um eleito.

Da substância de Deus nada sabemos. No livro bíblico do Êxodo (a saída do Egito) aprendemos que Ele é "Aquele que é", ou "Serei Aquele que serei" (essa é a formulação correta no texto hebraico original). Entre a versão latina que nos fala da diferença ontológica organizadora da metafísica bíblica (Deus tem o ser em si mesmo e nós não) e o original hebraico (Deus é livre para ser o que quiser), encontramos a síntese final da apresentação feita pelo filósofo hebreu do Deus israelita: Deus é, enquanto o resto não tem ser, mas Seu Ser não implica uma natureza que o define, por isso Sua Autodefinição como liberdade pura que multiplica o futuro pelo futuro. A liberdade absoluta de Deus implica o fato de ela excluir os parâmetros de qualquer representação possível: não conseguimos "pensar" o que Deus é ou ter uma "imagem" Dele. Contradição feroz para um intelecto filosófico treinado na Grécia, como o nosso, que pensa o conhecimento como percorrer limites e fronteiras. O Infinito de Deus é Sua Forma: o contato entre o finito e o infinito é a ruptura ontológica na qual habita o filósofo hebreu. O herói bíblico habita dois mundos, o divino (porque fala com Deus) e o humano (onde se dá sua vida cotidiana). Aqui encontramos a liberdade humana que é contingência e a liberdade de Deus que é Eternidade no Ser. Uma filosofia hebraica é feita no encontro dessa assimetria, para conhecer Deus é necessário que o homem recupere a capacidade de ver seu vazio. Esse é o *tópos* hebraico (o lugar desde onde pensa o filósofo hebreu).

A arbitrariedade do comportamento de Deus contrasta com a infeliz contingência de nossa história de criatura. Não podemos escapar de ser o que somos: filhos ontológicos do nada, filhos desejados da graça, um presente para nós mesmos. Na capacidade de ver a graça reside a antropologia do homem em restauração. Para isso ele precisa saber que é sua relação com Deus que justifica sua existência, e não o ser que carrega dentro de si, voltado à experiência angustiante de um punhado de pó. A filosofia bíblica abre com o lamento do homem. Com seu lamento, leitor. Esse lamento tem a forma de um mito que assombra a alma humana: exilados, somos atirados à consciência de nossa solidão. Uma imagem borrada no espelho, como diz Kafka.

A GRAÇA VISTA PELO PUNHADO DE PÓ – A FILOSOFIA DO DESERTO

> Pois quem é que sabe o que é melhor para o homem durante sua existência, nos muitos dias de sua vã existência, que ele atravessa como uma sombra?
>
> (Eclesiastes, 6; 12)

O processo de restauração instaurado pela atitude de Abraão (assumir a vontade de Deus como critério único de sua vida), contrário à tentativa de Babel (marcada pela decisão de construir o paraíso humano no mundo a partir de sua autossuficiência ridícula), passa pelo deserto, o lugar onde Deus pôs Sua tenda. Lugar de vento que passa. Temos que ir ao deserto para ver Deus; o deserto materializa a visão hebraica de homem: somos vento que passa, pó que sofre, pensa e chora. Construir uma consciência do deserto não é para covardes. O Deus de Israel não gosta de covardes. Abraão tem que saber que não é covarde, do contrário não terá consciência da razão de Deus o escolher. O livro do Eclesiastes fala exatamente dessa virtude do deserto. Considerado pela fortuna crítica o mais filosófico dos livros bíblicos, o *Qohélet* (ou Eclesiastes) nos leva ao olhar hebraico por excelência.

Pensar a partir dele é fazer uma história bíblica da consciência da graça, como dizia Lutero. Só diante da imagem da mesmice do Nada o homem pode ter uma experiência sensorial plena de quem ele é. Como passamos do "tudo é vaidade ou nuvem de nadas ou vento que passa" (refrão do Eclesiastes) à graça? Por que esse texto seria preparatório para uma visão mística de Deus, representada pelo livro "Cântico dos Cânticos"? O sábio bíblico da vaidade revela nosso lugar no cosmos: o vazio do deserto feito da matéria última de tudo, o pó. Essa revelação entra em choque com a natureza reativa à verdade que carregamos em nós, o peso de nossa ancestralidade adâmica, o orgulho que nega a verdade do Nada em nós. O homem bíblico sábio contempla a vaidade de tudo, fala com o sabor do pó entre os dentes.

O *Qohélet* é lido na tradição judaica em duas situações.

A primeira, seguindo o calendário religioso, acontece na festa da colheita. O sentido é claro: diante do sucesso técnico, a lembrança de que o sucesso humano em conduzir a natureza é figura, por um lado, da graça de Deus, e por outro, da efemeridade das coisas humanas. Fora de Deus, tudo é vaidade e vento que passa, e, diante disso, o sucesso na técnica de cultivo e colheita é uma fração de segundo numa eternidade indiferente a tudo que é humano debaixo do Sol. O homem não deve achar que sua ciência da agricultura implica a validade de seu controle sobre a natureza. O sucesso final é fruto da misericórdia de Deus, a mesma que faz bater o coração de quem festeja o sucesso da colheita. Nesse sentido, o texto aniquila a ilusão de autossuficiência técnica.

A segunda situação ocorre no âmbito da vida privada e cotidiana: deve-se ler Eclesiastes quando se tem sucesso na vida. Também nos afazeres pessoais a consciência da graça deve estar presente: o sucesso é uma dádiva. A imagem dos olhos cheios de areia que contemplam a graça é a melhor para falarmos do lugar do humano diante de Deus. Eclesiastes faz uma geografia dessa contemplação e, nesse movimento, cria as condições para um entendimento filosófico do afeto da graça. Ser afetado pela presença da graça de Deus produz a visão radical que tem o sábio de Jerusalém. Eclesiastes não é um texto melancólico, é um texto que festeja nossa vocação para a verdade última da vida: diante de Deus, tudo é vaidade, e nós somos aqueles que sabem disso. Esse saber é a filosofia hebraica na sua positividade.

As gerações humanas se sucedem, e a terra que as recebe permanece a mesma. Desse fato concluímos que a perenidade é maior na terra do que nas gerações humanas: a terra é a identidade, a humanidade, a indiferença numa temporalidade infinita. Aquilo que será característico dos humanos, a sabedoria e o discernimento das coisas, também não altera a relação entre os humanos, os outros animais e a terra. Associa-se a esse fato a imutabilidade de tudo que existe, os rios, a quantidade de água, o relevo no horizonte da terra, enfim, de tudo que se constitui no mundo debaixo do Sol. No humano, o imutável é a efemeridade das gerações e de sua produção: conhecimento, filhos, riqueza. A história se repete, iludindo-se aquele que pensa estar diante de algo novo: o humano é ancestral em seu afã de viver e nas suas paixões, apesar de os insensatos (categoria que descreve o humano que não sabe ser um punhado de pó que conhece seu Criador) não saberem disso e acreditarem em mudanças. Aqui está uma das razões de a fortuna crítica se referir muitas vezes ao Eclesiastes como o cético da Bíblia. Tudo se repete no longo ciclo da existência debaixo do Sol. Todavia, uma qualidade do conhecimento o distingue da pura mesmice: quem aumenta o conhecimento, aumenta a tristeza. Não há uma relação entre sabedoria e alegria. A alegria deve ser vivida porque ela festeja a bondade Daquele que nos tirou do Nada e nos deu a língua para falar, a boca para saborear o vinho, o corpo para se deliciar junto com a mulher, mas não porque exista uma relação causal entre sabedoria e alegria. A sabedoria enquanto tal nos revela o nexo das coisas como sendo o vazio delas. Os ritmos na vida marcam o limite do que de razoável pode haver na vida: tempo de nascer, crescer, plantar, colher, envelhecer, morrer e chorar. A ciência humana se define no espaço estreito dessas repetições.

Uma das qualidades de Deus é Sua eternidade. O homem é, na Criação, o único que conhece o que significa a eternidade: Deus pôs a eternidade no coração do homem. Somos areia que concebe o Eterno. Tal contradição entre ontologia e cognição é mais uma das formas de descrever o *tópos* da filosofia hebraica: aqui está, mais uma vez, a ruptura ontológica que marca o escândalo da revelação. Os conceitos são forjados nessa ruptura e são banhados nesse gosto: nossos dias passam como uma sombra sob a eternidade de Deus. De novo, uma sombra que vê Deus. Ao final da vida, o pó volta à terra, e o espírito volta a Deus. Sem esse longo trajeto, o filho de Adão não consegue perceber o que se revela diante dele: o Eterno que tira Adão da eternidade do caos. A ausência de natureza em nós é agonia, em Deus é liberdade. De novo, a ruptura ontológica que *Qohélet* nos ensina. A forma realista com a qual o Eclesiastes descreve a condição humana é suficiente para afastar quaisquer críticas ingênuas com relação ao que está em jogo na consciência do homem bíblico: os eleitos são aqueles que sabem que são feitos de pó, mas da sua carne percebem o espírito de Deus que atravessa o mundo. A filosofia hebraica fala de Deus no momento em que ele passa diante dos nossos olhos.

JÓ, O ELEITO

> Quanto a mim, sei que meu Redentor vive,
> Que Ele será o último a testemunhar o pó,
> Depois de minha pele ser destruída,
> Da minha carne verei Deus
> Meus próprios olhos O verão, não os de outrem,
> Meu coração desfalece dentro de mim.
> (Jó 19; 25-27)

Jó não é um livro de ética. É um livro sobre santidade. Santo é apenas aquele que é; portanto o filósofo hebreu fala sob o impacto dessa santidade. Ser capaz de percebê-la impõe um transtorno ontológico que se manifesta, entre outras formas, numa fenomenologia moral desse transtorno. Não podemos adentrar o santuário da ontologia divina (aquela pequena parte que podemos perceber) sem uma experiência de catástrofe. Jó narra essa catástrofe.

> [...] e o Velho Testamento nos oferece este caráter de história de personalidades como modelagem daqueles que Deus escolheu para o desempenho dos papéis exemplares. Duramente envelhecidas pelo seu desenvolvimento, às vezes até a decomposição, elas apresentam um cunho individual que

é totalmente estranho aos heróis homéricos. A estes, o tempo só pode afetar exteriormente, e mesmo isso é evidenciado o menos possível; em contraste, as figuras do Velho Testamento estão constantemente sob a dura férula de Deus, que não só as criou e escolheu, mas continua a modelá-las, dobrá-las e amassá-las, extraindo delas, sem destruir a sua essência, formas que a sua juventude dificilmente deixava prever. [...]. Pois eles são portadores da vontade divina, e mesmo assim, são falíveis, sujeitos a desgraça e humilhação – e em meio à desgraça e à humilhação manifesta-se, através das suas ações e palavras, a sublimidade de Deus. Dificilmente um deles não sofre, como Adão, a mais profunda humilhação – [...].

(Erich Auerbach, *Mimesis*, São Paulo, Perspectiva, 2002, p. 15)

Escolhê-los, dobrá-los, amassá-los. Essa é a catástrofe. Classicamente, associamos Jó ao problema da teodiceia (a tentativa de justificar o mundo racionalmente, como faz Kant). Não que seja um erro, mas o problema da tentativa de justificação racional do sofrimento do justo, em Jó, toca, na realidade, no problema da idolatria. No livro, Jó é exposto à dureza da realidade do mundo: a infelicidade, a contingência, a falta de sentido. A relação de Jó com Deus, a retidão de seus sacrifícios e suas oferendas, nada significa diante da materialidade de sua agonia. Deus, por Seu lado, testa Jó, assim como testara Abraão. Nosso herói busca entender e "desculpar" Deus de todas as formas, identificando Sua justificativa possível. Erro comum que apenas reitera o fato de que Jó ainda não sabe ser um eleito, afogando-se na banalidade de quem acredita existir uma "ética da retribuição" entre Deus e Sua criatura. Esse é um erro clássico em relação ao mundo antigo hebreu: o Deus de Israel não é um Deus da retribuição, é um Deus da graça, ou vivemos numa moral da graça ou numa moral da desgraça. A narrativa de Jó descreve a experiência pontual de ter a mão de Deus sobre a cabeça. Por isso, entendemos que o livro fala, essencialmente, de uma experiência de eleição. A ruptura ontológica cai com violência sobre a cabeça de Jó e sobre sua agonia. Deus Se revela mais uma vez, dando chance a Jó de perceber o que é ser homem, principalmente quando se é eleito para mostrar ao mundo quem é o Senhor do Ser, Deus. Não há como não ser arrastado. O homem bíblico que tem a mão de Deus sobre sua cabeça sente a violência de ser "modelado" – como diz Auerbach anteriormente – pela vontade divina. O estado no qual se encontra o mundo (a maldição dos filhos de Adão e Eva) mancha a assimetria ontológica com a desgraça, nome técnico para o exílio dos descendentes de Adão e Eva. Diante do vazio da criatura, modelamos ídolos. Deus escolhe Jó para dissolver, como pó, a cegueira da idolatria. Ser criatura da vontade livre de Deus significa psicologicamente ser a ruptura ontológica. Na Antropologia hebraica, o ser humano é aquele que vive para tomar conhecimento de sua condição de fronteira. Viver essa fronteira como um sonâmbulo, no seu modo mais sofisticado, é viver como um idólatra moral de si mesmo. Fonte sublime do erro de Adão, objeto violento da lição de Jó. Pensar que a indagação moral (o que é o Bem ou o Mal?) seja o caminho para Jó é errar o alvo (pecar no sentido hebraico do termo). Pedir a Deus que justifique Seus atos (os fatos da vida, as emoções que sentimos, o vazio da criatura) é errar teologicamente, pois Deus é livre, e tudo que Dele vem é graça, objeto fora de nossa justificação racional. O homem, criatura finita em contato com o infinito, é cercado pelo Nada, e por isso nada entende. Essa cegueira é uma modalidade do mal na ruptura ontológica. Concluir a partir daí que de nada adianta buscar Deus é fazer o mesmo caminho do casal ancestral: nunca vamos saber nosso destino, porque brotamos do Nada pelas mãos do Eterno que de nada precisa. É a essa ignorância que Jó é violentamente exposto no seu modo mais dramático: a certeza do Bem nos moldes humanos. Portanto, a única suficiência que conhecemos é a da Graça, jamais a da justificativa do mundo, qualquer suficiência fora de Deus é idolatria. Romper com a idolatria, voltar a habitar a casa da ruptura ontológica, viver essa "dupla natureza" de divino e pó, tudo isso implica ser "dobrado e amassado". À medida que Jó supera sua demanda de justificativa, sua consciência de eleito surge em um mundo do qual ele deve cuidar. A consciência do eleito é palco de Deus e, nesse sentido, é objeto contínuo de seu *páthos*. Essa coabitação é o halo da Santidade. Querer a honra de volta, supondo que a humilhação lhe roubou algo que lhe era de direito, é o lamento da criatura infeliz que se dilacera para perceber que não há ser nela, mas sim dádiva de ser. Viver diante de Deus demanda uma estrutura psicológica que resista aos pequenos afetos de inveja e revolta. Apenas quem se esquece de si mesmo se aproxima da Santidade. A simples ideia de um Ser que é ontologicamente como o Deus de Israel pode causar horrores para uma mente *natural*. A Bíblia arranca o eleito da ilusão da natureza e o expõe à gratuidade violenta de Deus. Há que se transformar para não sucumbir à morte ou à melancolia. O amor de Deus está do outro lado da covardia da criatura cega de medo. Quando Jó, finalmente, pôde perceber que não há honra a clamar, mas só salvação a pedir, ele reencontra o senso do pecado, (verdadeira face da consciência bíblica) perdido pelos filhos de Eva. Como pode o Nada ver Deus e continuar Nada? Apenas refazendo o percurso da misericórdia de um Deus que dá por razão alguma. A falta de razão humilha o pecado, porque o pecador busca justificar tudo num sentido que se organize dentro dos limites de um mundo que é, na realidade, seu mundo, aquele cercado pelo mesmo Nada. A recuperação do senso do pecado é indício do retorno da consciência do Transcendente: deificar-se (supor-se Deus) é o modo banal de enfrentar esse Nada. A psicologia do eleito surge, assim, junto com a moral de Jó: o desnudamento e o esmagamento do Eu (*denudatio*, no latim medieval) fundam o retorno ao *tópos* hebraico. Uma filosofia hebraica carrega em si um escândalo: o nada que vê Deus, o Eterno. À medida que Deus se mostra, o homem bíblico se transforma naquele visitado pela Santidade e vive a ruptura ontológica entre Graça e Nada. Ver Deus com os olhos da carne, como fala Jó na citação anterior, é ver, em meio à areia que enche nossos olhos, o mistério se transformar em pensamento na consciência do eleito de Israel. Num certo sentido, este é o grande tema hebraico: aceitar que a graça é o conceito central do ser humano. Essa aceitação implica um filósofo que abandone a natureza e eleja o milagre como a categoria essencial de sua filosofia. A eleição é, assim, uma educação pelo milagre. A Bíblia hebraica coloca esse milagre como experiência do cotidiano.

CONCLUSÃO

Viver na consciência do milagre implica uma personalidade específica. O conceito de milagre fala do não fundamento do Ser, enfim, da ontologia negativa que marca o hebraísmo, associada à moral formada diante dessa ontologia. Não podendo descrever o Ser, ou pela dolorosa percepção de que nele, filósofo, não existe ser, ou pela misteriosa percepção de sua transcendência, o filósofo hebreu opta pela descrição em chave dramática: trabalhar com alegria, sentir o constrangimento de um coração habitado pela vontade reta de Deus, ainda que não saiba plenamente qual ela seja (repousar nela produz a segurança de quem pressente fazer parte do mistério último das coisas), contemplar e arder no fogo da Presença que tudo dissolve, portanto a alegria definitiva diante de Deus é a certeza do esvaziar-se enquanto iluminamos o mundo com a luz emprestada do Eterno, enfim, a humildade de uma criança que entra em um antigo santuário e por isso mesmo deve fazer silêncio. Nesse silêncio visitado, como diria Jó, o coração desfalece.

NO SINAI

I

Sou alguém formado na matéria médica: corpo, doença e morte. Produto de uma família de médicos, o materialismo científico fez parte do meu cotidiano enquanto descobria o mundo entre o café da manhã, os brinquedos, a TV e a faculdade de Medicina. Sou alguém que logo despertou para as misérias psicológicas da psicanálise: o homem evidentemente não é dono de si mesmo, é um barco que vaga

152

à mercê de um oceano violento de instintos e pulsões que o consome para além de sua consciência. Além disso, o meio ambiente o devora com sua elegância mecânica e indiferente. Na faculdade de Filosofia, onde busquei refazer minha vida profissional, fui especialmente marcado pelos gregos: ceticismo e tragédia. A ruína do conhecimento e a ruína da liberdade diante de um destino esmagador – as moiras – estão no fundo de tudo que eu penso. Não se pode fugir daquilo que se é: cada vez mais percebo que sou um trágico. Vejo a dura condição humana relatada desde os hospitais, passando pelos cemitérios, pelas lágrimas, chegando até a sofisticação de um Sófocles, um Lucrécio, um Schopenhauer, um Nietzsche ou um Cioran. Como diria Freud, a felicidade não parece fazer parte dos planos da Criação. Nunca temi o niilismo porque o conheço bem, pois ele é meu íntimo. Este é quem lhe escreve, caro leitor, um cético e um trágico, não se engane. E continuo sendo quem sou: um habitante de um mundo sem sentido. Nunca conheci a angústia metafísica pela falta de fé. A rigor, a fé continua sendo uma experiência estranha à minha personalidade. Para mim, a devastação do mundo sempre foi um dado da ordem das coisas. Há muito tempo me bato contra uma experiência que se repete e com a qual não sei o que fazer. Desloquei todo o meu arsenal filosófico para ela e vivo com ela desde então, buscando contorná-la com meus conceitos (e de meus ancestrais), tentando harmonizá-la com o resto da minha personalidade e da minha história.

11

O poeta russo Joseph Brodsky, em seu monumental "Um discurso inaugural", afirma que sobre o bem devemos falar sempre entre poucas pessoas. Sobretudo porque, quando falamos para muitas pessoas, a chance de que muitas delas sejam más é enorme, justamente porque são muitas. Mesmo que jurem sinceridade, ainda assim devemos desconfiar, pois os sentimentos falsos são comuns nas pessoas e, quando multiplicamos seu número, multiplica-se exponencialmente a possibilidade de falsos sentimentos. Mas não vou falar aqui do bem nem do mal. Talvez haja, afinal, alguma relação entre o pequeno objeto deste ensaio e o bem e o mal, do contrário não teria assim pensado. Mas deixemos isso para lá. Corramos o risco. O que nesta analogia conscientemente me importa é o número de pessoas: espero que apenas umas três ou quatro pessoas leiam este ensaio. E por que esse meu desejo de ser lido por poucos? Porque pretendo falar de algo que não se deve falar para multidões.

A delicadeza, a sofisticação da alma, o amor ao detalhe e a vontade de entender não são atributos das multidões, e aqui reside grande parte de toda a miséria moderna, ser um mundo de grandes números, dedicado a muitos idiotas.

| | |

Nunca deixei de ser filosoficamente ateu. A passagem da condição de ateu para a de não ateu (não sou propriamente religioso) se deu assim como quem sai de casa num dia ensolarado e é apanhado por uma tempestade. Mas, apesar de ser uma tempestade tão concreta quanto a chuva, só aprendi a nomear sua substância quando fui à tradição: trata-se daquilo que muitos místicos chamaram de misericórdia. Às vezes, preciso fugir para um abrigo para respirar. Quando olho à minha volta, vejo essa estranha misericórdia sem causa escorrer pelo céu. E, por alguma razão que desconheço, o cético e trágico que sou é obrigado a contemplar isso contra todas as faculdades intelectuais e volitivas que me constituem. Sou apenas alguém que, sem até hoje saber a razão, passou a ser constantemente visitado – no sentido mais comum que a expressão tem, por exemplo, na tradição do cristianismo ortodoxo – pela sensação de que o mundo é sustentado pelas mãos de uma beleza que é também uma presença que fala. Passei a estudar textos místicos para entender o que acontecia comigo. No fundo, para não me sentir só. Nesse sentido é que, dentro da sorte que sempre tem marcado minha história de vida, encontro pessoas, assim como eu, formadas na erudição e na academia, e assim como eu, descontentes com seus "grandes números" e sua quase-banalidade. Saúdo assim a voz de todas as pessoas de boa vontade à minha volta, como quem ouve a beleza da misericórdia, escorrendo por suas palavras e letras, que inunda o mundo. Vejo, com estes meus olhos feitos de pó, essa beleza contemplar meu vazio. Nesse momento, sinto-me no Sinai, o gosto do deserto na boca e nos elementos naturais à minha volta, que anunciam o fim de tudo que existe, e a força da graça que transforma o nada em matéria e espírito.

O AUTOR

Luiz Felipe Pondé é filósofo graduado pela Universidade de São Paulo (USP), com mestrado pela mesma instituição e pela Université de Paris VIII, além de doutorado também pela USP. É vice-diretor e coordenador de curso da Faculdade de Comunicação e Marketing da Fundação Armando Álvares Penteado (FAAP) e professor da Pontifícia Universidade Católica de São Paulo (PUC-SP). É autor de diversas obras, colunista do jornal *Folha de S.Paulo* e comentarista da TV Cultura.

Cadastre-se no site da Contexto
e fique por dentro dos nossos lançamentos e eventos.
www.editoracontexto.com.br

Formação de Professores | Educação
História | Ciências Humanas
Língua Portuguesa | Linguística
Geografia
Comunicação
Turismo
Economia
Geral

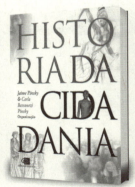

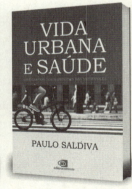

Faça parte de nossa rede.
www.editoracontexto.com.br/redes

GRÁFICA PAYM
Tel. [11] 4392-3344
paym@graficapaym.com.br